KB163858

하늘의 신호등

항공교통
관 제 사

하늘의 신호등

항공교통
관 제 사

유영미·임은정 지음

AIR TRAFFIC CONTROLLER

"
지상에서 하늘로, 하늘에서 지상으로 뜨고 내리는
항공기의 줄을 세우고, 하늘길에 질서를 부여하는
사람들의 이야기
"

TALK SHOW

"
자기가 어디로 가고 있는지 아는 사람은
세상 어디를 가더라도 길을 발견한다.
"

- 데이비드 스타 조르단

"
겨울은 내 머리 위에 있다.
하지만 영원한 봄은 내 마음 속에 있다.
좋게 만들 수 없다면 좋아 보이게 만들어라.
"

- 빌 게이츠

C·O·N·T·E·N·T·S

항공교통관제사 유영미·임은정의

프러포즈

PROPOSE

안녕하세요, 청소년 여러분!

인천국제공항 근처에 위치한 서울접근관제소에서 근무하는 항공교통관제사 유영미, 인천공항 관제탑에서 근무하는 항공교통관제사 임은정입니다.

여러분은 공항이란 단어를 떠올릴 때 무엇이 제일 먼저 생각나시나요? 여행에 대한 설레임, 그리운 가족을 볼 수 있다는 행복함, 항공기 등등. 많은 사람이 이런 것들을 떠올리며 행복할 거라 생각합니다. 특히나 항공기를 타고 하늘을 날아간다고 생각만해도 기대감에 마음이 들뜰 거예요.

항공기하면 조종사, 승무원, 정비사와 같은 직업이 먼저 생각나겠지만 항공기와 밀접한 관련이 있는 직업 중에 항공교통관제사라는 직업도 있습니다. 하늘의 교통경찰, 하늘의 신호등

같은 역할을 하는 사람이죠. 땅에는 자동차들이 다닐 수 있는 도로가 있듯이 하늘에도 항공기들이 다닐 수 있는 길, 비행로가 있어요. 땅에는 신호등이 있어서 자동차들이 이 신호 규칙에 따라 이동하고 신호등이 고장나면 교통경찰들이 차량을 안전하게 통제합니다. 그런데 하늘에는 이와 같은 신호등이 없으니 관제사가 교통경찰의 역할을 합니다. 항법시설이나 계기시설, 각종 규정 및 합의서 등에 따라 항공교통관제사들이 이것들을 고루 접목시켜 항공기가 안전하게 하늘을 다닐 수 있도록 교통정리를 합니다. 출발지 공항에서 이륙해서 도착지 공항에 착륙하기까지 많은 관제사들이 항공기가 안전하고 신속하게 이동할 수 있도록 유도하고 통제합니다. 여러분들이 항공기를 이용해서 안전하고 행복하게 여행하고 세계 여러 나라에서 업무를 볼 수 있게 되는데 관제사도 큰 역할을 한다고 생각하면 됩니다.

이 책에는 저희가 어떻게 항공교통관제사가 되었는지, 항공교통관제사로서 어떤 일을 했는지, 그리고 항공교통관제사라는 직업의 특징은 무엇이고, 장단점은 무엇인지 소개하고 여러분과 공유할 수 있는 내용을 담았어요. 또 저희가 20년 넘게 항공교통관제사로서 업무를 수행한 경험들도 솔직하게 알려드리려고 해요. 이 책을 읽는 친구들 중에는 항공교통관제사가 되고 싶은 친구들도 있겠지만, 아직 꿈을 찾지 못한 친구들도 많을 거예요. 이 책을 통해 항공교통관제사의 역할과 의미를 알아보고, 새로운 도전을 꿈꾸는 데 도움이 되었으면 좋겠어요. 청소년 시기에 다양한 꿈을 꾸면서 나의 적성에 맞는 일, 하고 싶은 일을 찾기 위해 다양한 경험과 체험을 하는 건 참 중요한 것 같아요. 하지만 일찌감치 꿈(직업)을 정하고 그 꿈을 이루기 위해 집중적으로 준비하는 것도 좋다는 생각이에요.

이 책을 준비하면서 신입 직원들에게 왜 관제사가 되고 싶었는지에 대해 이야기를 많이 나눴어요. 한 직원은 초등학생 때부터 관제사를 꿈꿔왔대요. 한국항공대나 한서대에 들어가려고 체험학습도 열심히 참여하고 스스로 동아리를 만들어 활동도 했다고 해요. 그런 과정을 거쳐 대학 진학에 성공하고 졸업과 동시에 입사 시험에 합격해서 지금은 저와 함께 일하는 관제사가 되었어요. 여러분도 하늘의 교통경찰, 관제사를 꿈꾸면서 준비해 보면 어떨까요?

항공교통관제사는 사람들이 안전하게 세계 곳곳을 여행가고 일할 수 있도록 도와주는 직업이기 때문에 일을 통해 더 많은 보람과 성취감을 느낄 수 있다고 자신있게 이야기할 수 있어요. 저희는 여러분을 관제 업무의 현장에서 만날 것을 기대하며 기다리고 있겠습니다.

첫인사

편 토크쇼 편집자

유 유영미 항공교통관제사

임 임은정 항공교통관제사

편 안녕하세요, 항공교통관제사 두 분을 모셨습니다. 잡프러 포즈 시리즈에 함께 해주셔서 감사합니다. 먼저 두 분 소개 부탁드려요.

유 안녕하세요, 서울접근관제소에서 접근관제업무를 담당하고 있는 유영미입니다. 2000년 건설교통부(현 국토교통부) 소속 8급 특채 항공서기로 채용되어 김포관제탑/서울접근관제소에서 훈련을 받고 서울접근관제소에서 지금까지 관제사로 일하고 있어요.

임 안녕하세요, 인천국제공항 관제탑에서 비행장관제업무를 담당하고 있는 임은정입니다. 2000년에 8급 특채 항공서기로 채용되어 지금까지 관제사로 일하고 있습니다. 처음 근무지는 김포국제공항이었어요. 첫해에는 김포관제탑과 서울접근관제소에서 훈련 과정을 거쳤고, 2001년 인천국제공항이 개항하면서 인천관제탑 업무와 서울접근관제소 업무를 담당했었어요. 2005년에 김포국제공항으로 자리를 옮겼다가 2019년 9월에 다시 인천공항으로 돌아와서 현재까지 인천관제탑에서 비행장관제업무를 하고 있어요.

편 두 분은 같은 해에 공채에 합격한 입사 동기시네요?

ⓤ 입사 동기 이전에 대학 동기이기도 해요. 임은정 관제사와 저는 한국항공대학교 항공교통학과(현재는 항공교통물류학부)에서 4년 동안 함께 공부하며 관제사의 꿈을 꾸며 공부했고, 그 꿈을 이루었죠. 지금은 근무하는 곳이 달라서 자주 보지는 못하지만 오랜 친구이자 직장 동료입니다.

ⓟ 유영미 관제사님은 접근관제업무를 하시고 임은정 관제사님은 비행장관제업무를 하시는데요. 두 분이 하시는 업무를 간단하게 소개해 주세요.

ⓤ 관제사는 항공기의 안전하고 원활한 운행을 위해 조종사와 무선통신으로 소통하는 직업이에요. 그중에서 저는 인천국제공항과 김포국제공항, 군 공항인 서울공항에서 출발 및 도착하는 항공기의 관제를 맡고 있어요. 공항에 착륙하는 항공기들에 순서를 부여하고 접근 허가를 발부하고 비행장관제업무를 하는 관제사에게 관제를 이양하는 업무, 또 공항에서 이륙한 항공기들이 일정 고도를 지나면 다음 관제 담당인 지역 관제소에 이양하는 업무 등을 해요. 실제는 이보다 더 다양한 일이 있지만 그건 차차 이야기하도록 할게요.

ⓘ 저는 비행장이 한눈에 내려다보이는 관제탑에서 관제권 안에 있는 항공기를 이·착륙시키는 업무를 해요. 이·착륙하

는 항공기의 조종사와 교신하며 허가를 중계하고, 지상에서 이동하는 항공기가 지나가야 할 길을 알려주며, 교통의 흐름이 막히지 않도록 관리하는 업무 등이에요.

편 이 일은 조종사와 소통하는 게 중요할 것 같아요.

유 조종사와의 소통이 정말 중요하죠. 항공교통이 발달하면서 하늘길도 교통 체증이 발생해요. 지상의 도로에는 교통의 흐름을 원활하게 도와주는 신호등이 있고, 운전자도 눈으로 교통 상황을 볼 수 있어서 가야할 때와 멈춰야 할 때를 인지해요. 그런데 하늘길에 있는 항공기 조종사는 항공교통의 흐름을 눈으로 볼 수 없어요. 항공기의 속도는 지상에서 차가 내는 속도와는 비교도 되지 않을 만큼 빨라서 1초에 수백 미터를 갈 수 있어요. 그래서 관제구역 내에 있는 모든 항공기의 위치를 파악하고 있는 관제사와 소통해야 안전하게 운항할 수 있어요.

임 지상에서도 마찬가지예요. 항공기는 규모가 크고 후진을 할 수 없기 때문에 관제사의 안내를 받아 안전하게 활주로에 진입하고, 반대로 활주로에 내려 안전하게 터미널을 찾아갈 수 있어요. 그런 의미에서 관제사는 조종사의 눈이 되어 길 안내를 하는 사람인 것 같아요.

㉠ 관제 업무를 하면 다양한 국가의 조종사들과 교신을 하게 되잖아요. 기억에 남는 일은 있으세요?

㉡ 영어로 조종사와 교신하는데, 출신 국가에 따라 영어 발음과 억양이 다 달라요. 그래서 어떤 조종사의 말은 잘 못 알아들을 때도 있어요. 경력이 많은 조종사는 여러 나라의 관제사와 소통하면서 상대방이 알아들을 수 있도록 말을 해요. 그런데 신입 조종사인 경우는 긴장도 되고 관제 용어도 익숙하지 않아서 영어로 말하는 건지 자국어로 말하는 건지 잘 모를 때도 있어요. 실제로 너무 긴장한 조종사가 자국어로 말하고 있다는 것도 모르고 있었던 적도 있었어요.

관제 이양을 할 때 관제사와 조종사들이 보통은 "Good Day"하고 인사해요. 가끔 외국인 조종사가 한국말로 "안녕~" 하고 지나가기도 하고요. 그런데 한 번은 어떤 조종사가 친절한 말투로 해맑게 "안녕, 미스김"하면서 가는 거예요. 요즘엔 이런 말을 안 쓰잖아요. 아마도 짓궂은 친구가 한국 여자들에게 '미스김'이라고 인사하면 된다고 가르쳐준 것 같았어요. 재미있는 일화로 기억에 남아요.

㉢ 관제사도 정 급하면 한국말로 하기도 해요. 복잡한 상황이 계속될 때, 우리나라 항공기이고 조종사가 한국인인 게 확실하면 "무슨 상황이고 어떤 문제가 있습니까?", "뭐가 더 필요

하십니까?"하고 묻기도 해요. 그러면 조종사도 어떤 문제가 있고 뭐가 더 필요하다고 한국어로 얘기하죠. 그리고 한 번은 조종사의 한마디로 웃음이 나왔던 일도 있어요. 항공기가 주기장에서 나갈 때는 토잉카가 뒤에서 밀어줘요. 항공기는 후진을 못 하니까요. 밀어야 하는 항공기가 여러 대 있을 때는 한 대씩 안 하고 여러 대를 같이 밀어요. 그렇게 뒤에서부터 밀고 나가는데 앞에 항공기가 준비가 덜 되어서 기다려야 하는 상황이었어요. 그때 뒤에 있던 항공기의 조종사가 레디오에 대고 작은 목소리로 "빵빵!"하더라고요. 처음엔 이게 무슨 소리인지 몰랐다가 알아차렸죠. 자동차 같으면 앞차가 안 갈 때 클랙슨을 누르잖아요. 그런데 항공기에는 그런 장치가 없으니까 말로 "빵빵!"하면서 빨리 준비해서 가라는 뜻이었어요.

(편) 더 많은 이야기는 본문에서 하기로 하고, 책을 내자는 제안을 받았을 때 어떤 마음으로 수락하셨는지 궁금해요.

(임) 저는 고등학교 때 항공교통관제사가 되겠다는 꿈을 확고하게 가지고 대학 진학 준비를 했어요. 항공 분야의 직업이라면 조종사와 승무원이 가장 많이 알려져 있고 많은 사람이 그 일에 종사하고 있어요. 반면에 관제사는 잘 알려진 직업도 아니고 일하는 사람의 수가 많지도 않아요. 이렇게 소수의 관제

사가 우리나라에 들어오고 나가는 수많은 항공기의 안전한 운항을 위해 교통경찰과 같은 역할을 하고 있잖아요. 저는 그게 정말 마음에 들었어요. 그래서 어떤 직업을 선택할까 고민하는 청소년들에게 이런 직업도 있다는 걸 알려주고 싶었어요. 제가 이 일을 좋아하니까 그런 마음도 전달하고 싶었죠.

㉴ 저도 마찬가지로 이 직업을 가지고 나서 후회한 적도 없고 그만두겠다고 생각한 적도 없을 만큼 이 일을 사랑해요. 24년이 지났는데도 여전히 이 일이 좋아요. 그래서 어떤 꿈을 가질까, 어떤 직업을 선택할까 고민하는 청소년이 있다면 이 직업을 권하고 싶어요. 직업을 탐색하는 청소년이 이 책을 보고 이 직업에 대해 이해하고 자신의 적성을 알아볼 기회로 삼았으면 좋겠다는 마음이에요.

㉣ 관제사라는 직업을 알아보니까 항공교통분야에만 있는 건 아니더라고요.

㉴ 네, 항공 분야에만 있는 건 아니고 선박과 철도 분야에도 관제사가 있어요. 선박교통관제사는 선박의 위치, 항로, 속도 및 추정 도착 시간과 통행지역을 통과하는 선박의 진행과정을 감시하고, 선박에게 출항 인가를 내고 선박 교통량, 기후 조건에 대해 조언하며 선박교통관제소에 대한 정보를 제공하는 등

의 일을 하죠. 철도교통관제사는 신호기 및 전철기의 동작상
태를 확인하고, 유무선 설비를 이용해 열차기관사에게 운행을
지시해 열차의 운행 간격도 조정하는 등의 업무를 해요. 교통
관제사는 교통수단에 따라 구체적으로 하는 일은 차이가 있지
만 항공기, 선박, 열차의 행로를 감시하고 통제하며 원활한 운
행을 위해 각종 정보를 제공하는 것은 공통적인 일이에요.

㉠ 세 분야에 교통관제사가 있고, 두 분의 정확한 직업명은
항공교통관제사예요. 명칭이 길기 때문에 때때로 줄여서 관제
사라고 부르기도 할 거예요. 그럼 이제 하늘의 신호등 항공교
통관제사의 세계로 들어가 보겠습니다.

항공교통관제사란

항공교통관제사는 누구인가요?

(편) 항공교통관제사는 어떤 일을 하는 사람인가요?

(유) 항공교통관제사ATC: Air Traffic Controller는 항공기의 안전하고 원활한 운행을 위해 항공 교통을 관리하고 통제하며 항공기에 필요한 정보를 제공하는 일을 하는 사람이에요. 비행 중인 항공기의 흐름을 원활히 하고, 항공기 간의 충돌, 항공기와 장애물 간의 충돌을 방지하는 업무를 주로 합니다. 이를 위해 조종사와 직접 무선통신으로 교신하며 항공기 이·착륙 순서 및 시기, 비행 방법을 지시하고 교통 정보를 비롯해 원활한 비행을 위한 각종 정보를 제공하죠. 항공기가 이·착륙할 때 가장 필요한 정보는 바람의 방향, 속도, 가시거리, 사용 활주로에 관한 사항 등인데요. 이런 최신 공항 정보를 제공해 항공기가 안전하게 이·착륙할 수 있도록 돕는 일을 합니다. 항공교통관제사는 지상에서 레이더 등을 보며 항공기의 모든 운항 과정을 안내하고 통제해요. 항공기는 승객을 탑승시켜 출발 공항에서 이륙해 목적 공항에 착륙할 때까지 운항하는 전 구간 동안 항공교통관제사와 통신하며 안전하게 운항하게 되는 거예요.

ⓟ 항공기가 출발 공항에서 목적 공항까지 운항할 때 관제하는 구역에 따라 담당하는 관제사가 여러 명인가요?

ⓘ 네 맞아요. 항공교통관제업무는 비행장관제업무, 접근관제업무, 지역관제업무로 나뉘어 있어요. 비행장관제업무는 공항 관제탑TWR: Aerodrome Control Tower에서 하고, 접근관제업무는 접근관제소APP: Approach control에서, 지역관제업무는 지역관제소 ACC: Area Control Center에서 하고 있어요. 항공기의 운항을 기준으로 관제업무가 어떻게 구분되는지 알려드릴게요. 항공기가 공항 활주로에서 활주하여 정상적으로 이륙할때까지 관제탑 관제사의 지시를 받고, 이륙한 후 항공로에 진입할 때까지는 접근관제소 관제사와 통신해요. 항공로에 들어서면 그때부터는 지역관제업무를 하는 관제사와 통신하죠. 국제선 항공기는 출발 공항에서 목적 공항까지 비행할 때 여러 국가의 공역을 지나가야 해요. 하늘도 국경이 있기 때문인데요. 그때마다 관제 이양을 받습니다. 그리고 이륙할 때와 마찬가지로 착륙할 때도 공항에 접근하면 접근관제소와 통신하고 착륙 과정에서는 관제탑 관제사와 교신하죠.

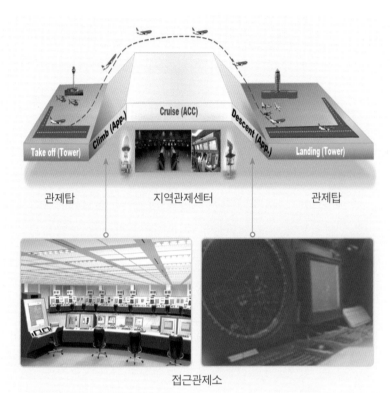

		Cruise (ACC)		
Climb (App.)				Descent (App.)
Take off (Tower)				Landing (Tower)

관제탑   지역관제센터   관제탑

접근관제소

출처 - 국토교통부 항공교통본부

편 관제업무는 실제로 어떤 차이가 있나요?

임 비행장관제업무는 여러 가지가 있어요. 먼저 이·착륙하는 항공기에 대한 이·착륙 허가를 발부해요. 원칙적으로 관제사의 허가를 받지 않은 항공기는 비행장에 이·착륙할 수 없어요. 비행장 주위에서 비행하는 항공기에 대한 관제 업무도 하죠. 그리고 공항 안에는 항공기들만 움직이고 있는 건 아니에요. 항공기의 이·착륙을 지원하기 위한 특수 차량들과 장비들이 많고, 그에 따라 지상에서 업무를 하는 사람들도 많아요. 그래서 지상에서 일어나는 움직임을 모두 파악할 수 있는 관제탑에서 비행장 안에서 움직이는 모든 차량과 인원을 통제하는 업무를 담당해요.

(유) 접근관제업무도 여러 가지죠. 착륙하기 위해 공항으로 접근하는 항공기가 항공로에서 공항에 진입하기 직전에 착륙 허가를 받기 전까지, 또 이륙한 항공기가 항공로에 진입할 때까지의 관제를 담당하고 있어요. 레이더에 있는 항공기들의 줄을 세워서 순서대로 착륙할 수 있도록 만들어서 관제탑 관제사에게 이양하고, 이륙한 항공기가 적정한 고도의 항공로에 진입할 때까지 안내한 다음 지역관제업무를 하는 관제사에게 이양하는 게 저의 업무예요. 이렇게 관할하고 있는 구역 내에 있는 항공기가 다음 구역으로 넘어갈 때까지 순서를 정해 유도하는 일을 하죠.

(임) 분야가 나뉘어 있지만 기본적으로 관제사의 업무는 동일하다고 할 수 있어요.

편 그러니까 운항하는 항공기가 어디에 있는가에 따라 지시를 받아야 하는 관제사가 다 다른 거군요.

임 그렇죠. 지상에 있는 항공기가 정상적으로 이륙할 때까지, 착륙한 항공기가 지상에서 멈출 때까지는 비행장을 통제하는 관제탑관제사가, 지상을 벗어나는 순간부터 항공로에 다다를 때까지는 접근관제사가, 항공로에서 운항할 때는 지역관제사가 관제업무를 제공하는 거죠. 그리고 계류장에 머무르는 항공기를 관제하는 관제사들은 따로 있어요. 인천공항공사 소속의 인천계류장 관제사와 한국공항공사 소속인 김포계류장 관제사들이 있고, 각 공항의 항공정보실에서 일하는 관제사도 있죠.

비행정보구역은 무엇인가요?

(편) 관제업무를 보면 관할 구역이 중요한 것 같아요. 하늘의 공간은 어떻게 나누어져 있나요?

(유) 먼저 공역空域, Air space의 개념을 알아야 해요. 사전적인 의미로 공역은 육상 또는 해면을 포함하는 지구 표면상의 구역과 고도로 정해진 공중 영역을 말해요. 공역도 목적에 따라 여러 개념이 있어요. 국가의 영토 개념과 연관지을 수 있는 영공은 영토 및 영해의 상공에 설정된 공간으로 국제민간항공협약 제1조에 의거하여 완전히 배타적인 국가 주권의 행사가 가능한 공역이에요. 하지만 영공은 관제업무와 관련된 공역과는 좀 달라요. 항공기의 운항 목적에 맞는 공역은 비행정보구역 FIR: Flight Information Region이라고 해요. 항공안전법 제2조의 정의에 따르면 항공기, 경량항공기 또는 초경량비행장치의 안전하고 효율적인 비행과 수색 또는 구조에 필요한 정보를 제공하기 위한 공역으로서 「국제민간항공협약」 및 협약 부속서에 따라 국토교통부장관이 그 명칭 및 수직, 수평 범위를 지정·공고한 공역을 말해요. 우리나라 비행정보구역의 경계는 북쪽으로는 휴전선, 동쪽은 속초 동쪽으로 약 210NM*, 남쪽은 제주 남

쪽 약 200NM, 서쪽은 인천 서쪽 약 130NM으로 평양 FIR, 상해 FIR, 후쿠오카 FIR과 인접해 있어요.

비행정보구역은 또 관제공역, 비관제공역, 통제공역, 주의공역으로 구분돼요. 관제사의 지시를 반드시 따라야 하는 공역이 관제공역인데요. 항공기의 비행 순서, 시기 및 방법 등에 관한 지시로 항공교통의 안전을 위해서 구분되는 공역이에요. 비관제공역은 관제사가 조종사에게 비행에 관한 조언이나 비행 정보 등을 제공하는 공역이고, 통제공역은 항공기의 비행이 금지된 공역이에요. 주의공역은 비행하는 항공기 조종사는 특별히 주의하고 경계해야 하는 공역이죠. 우리나라는 분단국가이기 때문에 공역의 규모는 작은데 통제공역과 주의공역이 많은 편이어서 관제사도 주의하고 있어야 해요.

㉑ 하늘도 여러 구획으로 나뉘어 있다는 게 신기하네요. 공역은 무엇을 기준으로 나누나요?

㉤ 공역은 크게 항공교통업무 제공에 따른 구분과 사용 목적에 따른 구분 두 가지로 나뉘는데요. 항공교통업무가 제공되

---

*NM: 해리(海里, Nautical Mile)는 길이의 단위로, 국제단위계에는 속하지 않지만 함께 사용할 수 있어요. 이 단위는 해양 및 항공 분야에서 사용되며, 국제법과 조약, 특히 영해를 정하는 데 자주 사용되요. 1929년에 국제수로국에서 정의한 1해리의 길이는 1,852m, 6,076.12ft와 같아요.

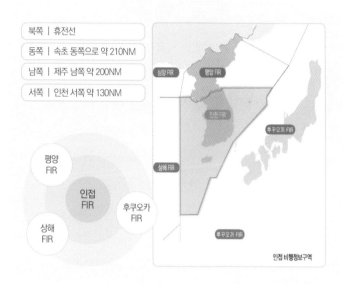

북쪽	휴전선
동쪽	속초 동쪽으로 약 210NM
남쪽	제주 남쪽 약 200NM
서쪽	인천 서쪽 약 130NM

평양
FIR

인접
FIR

후쿠오카
FIR

상해
FIR

심양 FIR

평양 FIR

인천 FIR

후쿠오카 FIR

상해 FIR

후쿠오카 FIR

인접 비행정보구역

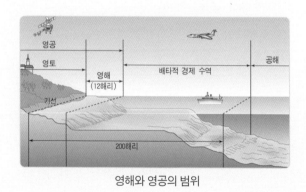

영공

영토

영해
(12해리)

배타적 경제 수역

공해

기선

200해리

영해와 영공의 범위

출처 - 국토교통부 항공교통본부

하늘의 신호등
항공교통관제사

는 공역인 관제공역 중 접근관제업무가 제공되는 접근관제구역의 일부가 제가 근무하는 서울접근관제구역입니다. 수평으로 어디서 어디까지 나눠지고, 수직으로도 어디부터 어디까지는 어느 접근관제구역으로 구분해요. 접근관제소는 서울, 오산, 중원, 제주, 강릉, 김해, 군산, 광주, 사천, 포항, 대구, 예천, 해미, 원주, 이렇게 14곳이 있어요. 저희는 어프로치라고 부르는데요. 각 어프로치마다 수평면적으로 구분이 있고, 수직적인 고도에 따른 구분도 있어요. 서울 어프로치는 1,000피트에서 18,500피트까지의 공역을 담당하고 그중에 일부는 오산 어프로치 시설이 담당해요. 평면적으로 보면 같은 영역으로 보여도 높이에 따라 그걸 관제하는 지역이 다 달라요. 또 모든 공역이 같은 높이로 나누어지는 것도 아니에요. 어떤 구역은 밑에서 4,500피트까지는 오산 어프로치 시설에서 사용하고 4,500피트에서 18,500피트까지는 서울 어프로치 시설이 사용해요. 그래서 저희가 접근 관제 업무를 하려면 기본적으로 나의 공역이 어디인지를 잘 이해하고 그 안에서만 근무를 해야 해요. 그런데 저희가 업무를 하다 보면 항공기를 남의 공역으로 들어가게 해야 할 때가 있어요. 그런 경우는 미리 "잠시 너의 공역에 들어갔다 나와도 되겠니?" 하는 뜻의 "REQUEST POINT OUT"이라는 관제 용어로 상대방 시설에 허가를 구해야 해요. 이때 상대방 시설의 관제사가 허가한다는 뜻의 관제 용어로 "APPROVED"하면 허가를 받은 거고, 그게 아니라 허가하지 않는다는 뜻으로 "UNABLE"이라고 하면 그 공역을 사용하지 않고 다른 방법을 찾아야 해요.

㉠ 공역을 15층짜리 건물로 빗대어 보자면 지상에서 5층까지는 우리 층이고, 6층에서 10층까지는 A의 것이고, 나머지가 B의 것이에요. 그런데 우리 손님이 6층이나 7층에 잠깐 들어갔다 나올 일이 생겼을 때 그냥 무단으로 침범하면 안 되고 꼭 상대방의 허락을 받아야 한다는 거죠?

㉦ 그렇죠. 저희가 업무에 들어가면 내 공역이 어디인지를 제일 먼저 배워요. 구역이 나뉘어 있다고 해도 평면적으로 어느 면적까지 서울 어프로치 공역이라고 생각할 수 있는데, 높이에 따라 시설별 공역이 다르다는 걸 반드시 인지하고 있어야 업무를 수행할 수 있어요.

㉠ 항공기는 전 세계로 운항하는데요. 전 지구적으로도 공역이 나뉘어 있나요?

㉥ 국제민간항공기구ICAO는 항공기의 안전한 항행을 지원할 목적으로 전 세계 공역을 태평양(PAC), 북미(NAM), 카리브

공역의 사용 목적에 따른 구분	항공교통업무 제공에 따른 구분	내 용
관제공역	A~E 등급 구분	항공교통의 안전을 위하여 항공기의 비행순서 · 시기 및 방법 등에 관하여 제84조 제1항에 따라 국토교통부 장관 또는 항공교통업무증명을 받은 자의 지시를 받아야 할 필요가 있는 공역으로서 관제권 및 관제구를 포함하는 공역
비관제공역	F~G 등급 구분	관제공역 외의 공역으로서 항공기의 조종사에게 비행에 관한 조언 · 비행정보 등을 제공할 필요가 있는 공역
통제공역	-	항공교통의 안전을 위하여 항공기의 비행을 금지하거나 제한할 필요가 있는 공역
주의공역	-	항공기의 조종사가 비행 시 특별한 주의 · 경계 · 식별 등이 필요한 공역

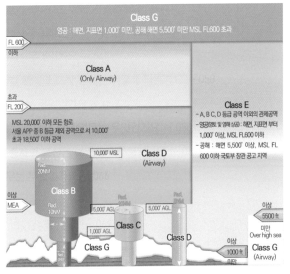

출처 - 국토교통부 항공교통본부

(CAR), 남미(SAM), 북대서양(NAT), 유럽(EUR), 아프리카/인도양
(AFI), 중동/아시아(MID/ASIA)의 8개 항행안전관리권으로 분할
하여 관리하고 있어요. ICAO는 8개의 관리권역을 관리하는
사무소를 두고 있고, 중동/아시아 권역에 해당하는 우리나라
는 태국 방콕 사무소에 속해 있어요. 이렇게 전 세계의 공역은
분할되어 관리되고 있고, 각 나라는 다시 자국의 영토와 영공
을 비행정보구역FIR이라는 더 작은 단위로 나누어 관리하고 있
습니다.

※ 국제민간항공기구의 항공교통관리권역(ICAO ATM Regions)

NAT
(FIR: 7개)

한국 : 태국 방콕
사무소 속함

NAM
(FIR: 31개)

EUR
(FIR: 101개)

MID/ASIA
(FIR: 118개)

PAC
(FIR: 6개)

CAR
(FIR: 24개)

AFI
(FIR: 36개)

SAM
(FIR: 20개)

관련근거 : ICAO Doc7030 (REGIONAL SUPPLEMENTARY PROCEDURES)

출처 - 국토교통부 항공교통본부

국제민간항공기구ICAO는 어떤 기관인가요?

(편) 항공교통과 관련한 정보를 찾아보면 '국제민간항공기구에서 정한 규정에 따르면, 또는 ICAO에서 권고한 내용에 따르면' 어떠하다는 내용을 볼 수 있어요. 좀 전에 알아본 공역도 국제민간항공기구에서 나누고 관리하는 것을 알 수 있었어요. 국제민간항공기구는 어떤 곳이고, 하는 일은 무엇인가요?

출처 - 국토교통부 항공교통본부

(임) 국제민간항공기구는 영어로 International Civil Aviation Organization으로 앞 글자를 따서 ICAO(아이카오)라고 불러요. ICAO는 1947년 4월 4일에 설립하여 그해 10월에 UN의

산하 전문기구가 되었어요. 제2차 세계대전 중 민간항공의 발달로 국제민간항공의 수송체계 및 질서를 확립하기 위해 1944년에 시카고에서 52개국이 참가한 국제민간항공회의가 개최되었어요. 이 회의에서 국제민간항공협약(시카고조약)이 체결되었고, 이 협약이 발효되는 날 국제민간항공기구가 탄생한 거죠. ICAO는 국제민간항공의 안전과 질서있는 발전을 보장하기 위해 설립한 목적에 따라 항공운송에 필요한 각종 국제 표준 및 규칙을 정해요. 따라서 전 세계 모든 국제민간항공은 ICAO에서 정한 국제표준을 따르고 권고사항을 채택하고 있어요. 예를 들어 거리의 단위는 KM(킬로미터)와 FT(피트)가 있어요. 우리는 KM를 사용하는 게 익숙하지만 ICAO에서 거리의 표준을 FT로 정했기 때문에 항공교통 관련한 거리 단위는 모두 FT로 통일해서 쓰고 있어요.

편 ICAO에서 정한 규칙과 표준은 전 세계 민간항공의 안전한 운항과 질서있는 발전에 매우 중요한 역할을 하는 것 같아요. 구체적으로 어떤 업무를 하는지 알려주세요.

유 ICAO의 가장 중요한 업무는 표준화라고 할 수 있어요. 민간항공이 안전하게 전 세계를 운항하기 위해서는 국제적인 표준이 필요해요. 특히 항공 용어의 표준은 항공 관련 업무를 하는 사람들에게 매우 중요하죠. 만약에 항공 용어가 하나로 통일되어 있지 않다면 조종사와 관제사의 교신이 원활하게 이뤄지지 않게 될 거예요. 각기 다른 언어를 사용하고 다른 단위를 사용하는 사람들이 하나의 언어와 통일된 단위로 교신해야 잘못 이해하는 일이 없이 명확한 의사 전달이 가능해요. 그래서 ICAO는 국제민간항공협약 부속서에 반영할 국제표준과 권고사항을 채택하는 일을 하죠.

   또 국제민간항공협약을 해석하고 개정하는 법률적인 것도 검토하고, 국제항공법, 국제민간항공에 영향을 미치는 각국의 사법과 관련한 여러 문제를 검토하고 권고사항을 입안해요. 이에 따라 각 나라들이 항공법을 개정해서 ICAO의 권고사항을 수용하죠. 기술지원도 중요한 업무의 하나인데요. 항공기 사고가 났을 때 사고의 원인을 조사하고 방지책을 마련하기 위한 기술지원을 하고 있어요. 이 밖에도 항공통신과 정비, 항공기상업무, 공항 기술, 정비, 공항에서의 구조 및 진화, 항공 보안 등에 관한 기술지원도 이루어지죠.

항공교통관제사가 일하는 곳은 어디인가요?

편) 관제사의 소속은 어디이고, 일하는 장소는 어디인가요?

임) 비행장이 있는 곳에는 반드시 관제사가 있어야 해요. 비행장은 민간인이 이용하는 여객 공항뿐 아니라 군이 관할하는 공항도 있고, 조종사를 비롯해 항공 관련 종사자를 육성하는 교육기관으로 사용되는 비행장도 있죠. 관제사를 가장 많이 필요로 하는 곳은 여객 공항으로 대부분의 관제사가 국토교통부 소속의 공무원이에요. 국토부 소속의 관제사가 일하는 곳은 지역관제소, 접근관제소, 관제탑이에요. 지역관제소는 인천과 대구 2곳에 있고, 접근관제소는 군공항과 기지를 포함해 전국에 14개소가 있어요. 지역관제소와 접근관제소는 공항 내에 있는 게 아니라 인근에 항공교통관제소라는 건물에 있어요. 지역관제업무와 접근관제업무는 모두 그곳의 레이더실에서 이루어지죠. 그리고 공항과 비행장 안에 있는 관제탑은 비행장 관제업무를 하는 관제사의 일터예요.

그런데 공항 안에서 근무하는 관제사라도 국토부 소속이 아닌 관제사들도 일부 있어요. 인천국제공항공사/한국공항공사는 계류장을 운영하고 있어요. 계류장은 비행장 내에서 항

공기의 주기, 화물의 적재, 급유 등의 목적으로 설정된 구역이
에요. 계류장 내에서 항공기가 움직일 때도 반드시 관제사의
통제를 받아야 하는데요. 이 일을 하는 관제사를 계류장 관제
사라고 해요. 계류장 관제사는 인천국제공항공사/한국공항공
사 소속이에요. 이 밖에도 비행장을 운영하는 대학교 소속 관
제사도 있고, 각 군(공군, 해군, 미공군)에서 근무하는 관제사들도
있죠.

서울접근관제소

접근관제업무는 무엇인가요?

(편) 유영미 관제사님은 접근관제업무를 담당하고 있다고 하셨어요. 업무에 대해 말씀해주세요.

(유) 국내에는 14개의 접근관제소가 있어요. 항공교통 관계자들끼리는 접근관제소라는 말보다 지역 이름을 붙여서 어디 어프로치라고 하는데요. 저는 서울접근관제소, 그러니까 서울 어프로치에서 일하고 있어요. 접근관제소마다 접근관제공역이 있는데요. 서울 어프로치는 인천국제공항 및 김포국제공항, 군공항인 서울공항의 출발 및 도착 항공기들의 관제를 맡고 있어요. 접근관제사는 접근관제공역 내에서 항공기끼리의 충돌을 방지하고, 항공교통이 원활하게 흐르도록 통제하고, 출발 및 도착 항공기들의 경로를 감시하고, 지역관제 기관으로 항공기를 인계하는 등의 일을 담당하고 있어요.

항공용어로 어프로치Approch는 항공기가 착륙을 위해 활주로에 접근한다는 뜻인데 항공기의 착륙 업무만 하는 건 아니라 이륙Departure 업무까지 포함하고 있어요. 어프로치라는 단어가 넓게는 '접근'의 뜻이어서 이·착륙 업무를 포함하는 개념이죠. 관제소 안에는 업무별로 섹터sector가 나뉘어 있어요.

저희는 관제석으로 분류해요. 서울출발(김포출발/인천출발) 관제석, 서울접근(김포접근/인천접근) 관제석, 김포도착 관제석, 인천도착 관제석, 서울공항 및 시계비행 관제석, 감독석, 섹터 감독석과 각 관제석의 업무를 보조하는 비행정보 관제석 등 많은 관제석이 있어요. 관제석에 붙은 이름이 곧 관제업무 분장이에요.

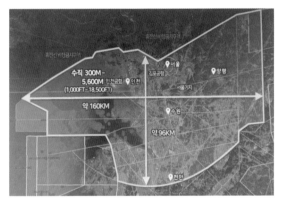

서울접근관제공역(서울TMA:TerMinal control Area)

㉠ 각 관제석 별로 하는 일을 구체적으로 말씀해주세요.
㉥ 출발관제석은 출발 항공기를 레이더에서 식별하고 초기 상승 고도를 발부해요. 또 관제석에서 할 수 있는 관제의 경계에 다다르면 다음 기관에 관제 이양을 하고 항공기 출발 간격

을 조절하고 유지하죠. 공항에 정상적으로 접근하지 못해서 착륙하지 못하는 항공기를 저희는 '실패 접근 항공기'라고 부르는데, 이런 항공기의 초기관제를 하고, 또한 비행금지구역, 비행제한구역 침범 방지를 위한 경고방송을 하죠. 관제장비를 운용하고 정상 작동하는지 감시하는 것도 이 관제석의 역할이에요.

접근/도착관제석은 공항에 도착하는 항공기의 활주로와 도착순서를 결정하고 접근 허가를 발부해요. 레이더 유도를 통해 항공기들의 속도 조절은 물론 간격 조절도 하죠. 항공기가 활주로에 접근할 때 인접 활주로의 상황도 살펴서 항공기가 분리되도록 유지하고 조종사가 절차를 잘 수행하는지 감시하는 역할도 해요. 또 비행금지구역, 비행제한구역 침범 방지를 위한 경고 방송을 하고 공항의 교통 정보와 기상 정보 등도 제공합니다. 그리고 공항 인근의 공역에서 체공하는 항공기, 실패 접근 항공기, 착륙 중량을 맞추기 위해 공중에서 연료를 버리고 있는 항공기의 관제도 하죠.

비행정보 관제석은 관제 업무를 하기 위한 행정적인 절차와 관련된 일을 해요. 항공사가 보내온 비행계획서를 입력하고 오류도 수정해요. 또 레이더 업무를 원활하게 할 수 있도록 항적데이터를 입력하고 레이더 관제권을 인수인계하는 일을 하죠. 관제 공역 사용 요청을 협의하고 다른 관제석과 기관들에 협조를 구해 항공교통관제업무가 원활하게 수행될 수 있도록 해요.

각 관제석의 업무 수행을 감독하는 팀장석과 감독석이 있어요. 여기서는 인접 관제기관과 협의하고, 관제장비가 잘 운용되는지 상태를 확인하고, 각종 비정상 상황이 발생했을 때 보고 업무를 하고 유관기관과 업무 협의를 하죠. 그리고 근무하는 날의 근무석 배정 등 일정을 운영합니다.

서울접근관제소에서 근무하는 유영미 관제사

편 서울 어프로치의 공역은 어디까지인가요?

유 접근관제업무를 할 때는 각각 시설별 공역을 잘 지켜서 근무해야 하죠. 서울접근관제공역(TMA: TerMinal control Area)은 인천공항을 중심에 두고 수평으로 반경 110km, 수직으로 높이 1,000피트(0.3048km)에서 18,500피트(5.6km)까지를 말해요. 공역은 3차원적 구역이기 때문에 같은 지역도 고도별로 가지고 있는 시설이 달라요. 그래서 앞에서도 얘기했듯이 내 공역 내에서만 관제업무를 해야 하고 다른 시설에서 관제 업무를 해야 할 필요가 생길 때는 꼭 미리 허가를 받아야 해요.

항공기의 출발 관제와 도착 관제는 어떻게 다른가요?

(편) 항공기의 출발을 관제하는 일과 도착을 관제할 때 차이는 뭘까요?

(유) 출발관제석 업무를 할 때는 항공기가 정해진 표준계기출발절차(SID: Standard Instrument Departure)를 잘 수행하면서 가는지 모니터하고 일정 고도를 지나게 되면 다음 관제 담당인 지역관제소(인천/대구 ACC), 또는 목적지 공항 근처의 인접 접근 관제소(오산/원주/중원 APPROACH)로 관제 이양을 합니다. 접근 관제석 업무를 할 때는 타 관제기관으로부터 합의된 지점 및 고도에서 인천/김포/서울공항으로 도착하려는 항공기의 관제 이양을 받아 표준계기도착절차(STAR: STandard instrument ARrival) 및 레이더 유도를 통해 각 공항의 사용 활주로에 일정한 간격으로 줄을 세워 항공기가 정상적으로 착륙할 수 있도록 합니다. 관제사는 항공기의 고도/기수방향/속도 조절을 통해 항공기끼리 일정한 간격을 유지하도록 만들어요. 이때 관제사와 조종사의 호흡도 중요해요. 항공기는 멈추지 않고 계속 이동하기 때문에 관제사가 관제 지시(ATC INSTRUCTION)를 하면 조종사가 정확한 복명복창(리드백, READBACK)을 하고 관

제사가 정확하게 인지(히어백, HEARBACK)하면 딱 한 번에 관제 교신이 끝나요. 그런데 조종사가 리드백을 잘못하거나 관제사가 히어백을 잘못해서 여러 번의 교신을 하게 되면 관제 교신량이 늘어나서 잘 형성된 교통 패턴이 깨지는 상황도 발생해요. 그래서 관제사와 조종사가 마치 한 몸처럼 느껴지도록 관제 교신에 있어서 주고받는 호흡이 정말 중요합니다.

인천국제공항 기준 국제선 항공교통흐름도

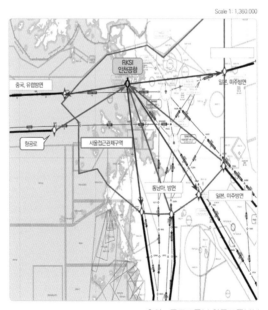

출처 - 국토교통부 항공교통본부

비행장관제업무는 무엇인가요?

㉠ 비행장관제업무는 무엇인가요?

㉡ 비행장을 한눈에 바라볼 수 있는 관제탑에서 관제권 안에 있는 항공기를 이·착륙시키는 업무를 말해요. 관제탑의 관제권은 공항으로부터 반경 5마일, 높이는 3,000피트예요. 이 관제권 안에서 이루어지는 업무는 크게 두 가지로 나눌 수 있는데요. 항공기 조종사와 교신을 하는 업무와 교신을 하지 않는 업무죠. 조종사와 교신하는 업무는 허가중계, 지상관제, 국지관제가 있고, 교신하지 않는 업무로는 감독, 항공교통흐름관리, 비행정보처리, 행정업무가 있어요.

㉠ 조종사와 교신하는 업무에 관해 자세히 설명해주세요.

㉡ 청소년들이 이해하기 쉽게 항공기의 이동을 따라가며 관제사의 업무를 소개해 볼게요. 공항에서 출발하는 항공기의 관점에서 보면, 먼저 항공사에서 출발 항공편에 대한 비행계획서를 항공교통업무기관에 제출해요. 이 비행계획서에는 편명, 기종, 출발 공항 및 출발 예정 시간, 도착 공항 및 도착 예정 시간, 비행경로, 항공기 탑재 장비 등 상세한 내용이 포함되

어 있어요. 그러면 출발 예정 시간에 맞추어 지역관제소 관제사가 해당 항공편에 대한 비행 허가를 발부해요. 이를 관제탑 허가중계 관제사가 해당 항공편에 허가를 중계해 비행 허가를 받게 돼요.

편 중계한다는 말은 TV나 라디오에서 많이 들어서 익숙한데요, 관제 업무에서는 어떤 의미인가요?

인천관제탑에서 주간근무하는 임은정 관제사

ⓔ 중계한다는 말은 뜻 그대로 '중간에서 이어 준다'는 의미예요. 지역관제사가 이륙 허가한다는 말을 관제탑 관제사가 듣고 이어서 조종사에게 전달해주는 거죠. 이렇게 비행 허가를 받고 나면 항공기는 드디어 출발을 할 수 있게 돼요. 허가받은 항공기가 승객을 탑승시키고 화물을 적재하는 등 출발 준비를 마치면 공항 터미널 게이트에서 지상관제사의 허가를 받아 푸쉬백(후방견인)을 시작하고 항공기의 엔진 시동을 걸어 이동 준비를 완료하죠. 그러면 항공기는 지상관제사의 허가를 받아 배정받은 활주로*까지 지정받은 유도로**를 통해 이동해요. 마지막으로 활주로에 가까워지면 국지관제사는 활주로 진입 허가 및 이륙 허가를 발부하고, 항공기는 활주로에서 이륙하게 됩니다. 정리하자면, 관제탑에서의 출발 항공기에 대한 업무 순서는 '허가중계 – 지상관제 – 국지관제'로 이어져 이루어지는 거예요. 관제탑 관제사는 하루에 이 세 가지 업무를 돌아가면서 해요. 매일 출근하면 시간표가 짜여 있어서 그 시간에 맞춰서 자리를 바꿔가며 일하죠.

---

*활주로: 항공기 착륙과 이륙을 위하여 국토교통부령으로 정하는 크기로 이루어지는 공항 또는 비행장에 설정된 구역.
**유도로: 비행장 내에서 항공기가 활주로 외의 지상 활주하는 도로.

㉠ 관제탑에서 가장 중점을 두는 업무는 무엇인가요?

㉡ 어프로치에서는 착륙하기 위해 들어오는 항공기들을 줄 세우는 게 중심 업무라면 관제탑은 항공기들을 이륙시키는 데 중점을 두고 있어요. 착륙은 어프로치에서 넣어준 대로 받아서 하면 되지만 이륙은 여러 가지 조건을 살펴서 순서를 정하고 시간을 맞춰야 하거든요. 국제선은 유럽, 동남아시아, 미주 등 목적지에 따라 다양한 항로가 있어요. 각 항로는 일정한 간격을 두고 항공기를 띄워야 하는데, 항로마다 이런 시간 분리치가 다 달라요. 또 목적지마다 출발하기 좋은 황금시간대가 있어요. 이때 출발하려는 항공기들이 몰리면 마치 출근시간대 교통정체처럼 항공기들도 출발 지연이 발생하죠. 특히 복잡한 시간대 몰리는 항로의 경우 항공교통 통제센터에서 각각의 항공편에 대해 이륙시간을 줘요. 그러면 정해진 이륙시간에 맞춰서 이륙을 시켜야 해요. 그리고 한 항로로만 계속 띄우면 한쪽만 너무 붐비니까 적절하게 항로를 섞어야 하고요. 하늘이 아무리 넓다고 해도 공중에 항공기가 무한대로 비행할 수 있는 게 아니어서 출발 항공기도 지상에서 적정한 시간 간격을 두고 이륙시켜야 해요. 그리고 활주로 상황도 시간대에 따라 달라요. 인천공항은 4개의 활주로가 있는데 활주로 보수공사로 인해 현재 3개만 사용하고 있어요. 착륙 항공기가 많은 시

간대는 착륙에 2개의 활주로를 사용하고, 반대로 이륙 항공기가 몰리는 시간대에는 이륙에 2개의 활주로를 사용해요. 그런데 활주로에 따라 또 출발 절차가 달라요. 그러니까 활주로의 상황, 항로의 분리치, 목적 공항의 상황도 고려해서 출발 시간을 정해주어야 하죠. 국내의 다른 공항은 국제선이 많지 않아서 준비된 순서대로 이륙시키면 되지만 인천공항은 복잡한 계산을 하는 과정이 있어서 다른 관제탑에 비해서 업무 강도가 좀 센 편이에요.

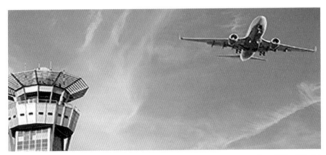

출처 - 국토교통부 항공교통본부

㉠ 그럼 거꾸로 착륙하는 항공기의 관제업무는 어떻게 되나요?

㉤ 도착 항공기가 관제탑 국지관제사와 교신을 하기 전까지는 접근관제소의 관할이에요. 보통 활주로로부터 대략 10마일

떨어진 지점에서 국지관제사는 접근관제소 관제사의 관제를 이어 받아요. 항공기가 최종 접근구간에 안정적으로 진입하게 되면 조종사는 관제탑 국지관제사와 교신을 하게 되고, 배정받은 활주로에 대한 착륙 허가를 받죠. 이후 착륙을 무사히 마치고 활주로를 벗어나 유도로에 진입하게 되면 지상관제사와 교신하고 배정받은 주기장까지 이동하기 위한 유도로를 지정받아요. 착륙하는 항공기는 국지관제사와 지상관제사와 교신하면 되는 거죠. 다만, 인천공항처럼 계류장 관제사가 있는 공항이라면 계류장 진입 전에 계류장 관제사와 이어 교신하고 주기장까지 이동해요.

국지관제사는 정기적으로 공항을 드나드는 항공기에 대한 이·착륙 관제 업무뿐 아니라 공항을 통과하거나 공항 주변을 다니는 헬기 및 경항공기에 대해서도 관제하며 항공기의 안전한 운항을 보장하는 일을 해요. 또 지상관제사는 공항 내 지상에 있는 항공기 외에 작업 차량과 인원 등을 통제하여 항공기와의 충돌을 방지하는 일도 하지요.

교신하지 않는 관제탑 관제 업무는 무엇인가요?

㉠ 관제사의 업무 중에는 교신을 하지 않는 업무도 있다고 하셨는데요. 그분들은 어떤 일을 하는 건가요?

㉴ 감독업무와 항공교통 흐름관리 업무, 비행정보처리업무, 행정업무가 있어요. 감독업무는 주로 팀장이 하는데요. 관제사가 오류 없이 정확하게 업무를 수행하는지 모니터링하고, 돌발 상황이 발생했을 때 업무 지원을 하죠. 또 풍향, 풍속의 변화에 따라 사용할 활주로의 방향을 변경해야 할 때가 있어요. 이때 감독관제사가 그 결정을 하게 돼요. 그리고 팀원 관리 등 업무 시간에 일어나는 전체적인 상황을 관리하죠.

항공교통 흐름관리 업무는 항공교통 통제센터로부터 목적지 공항과 항로에 대한 제한사항이 있을 때 유관 기관과 협의하는 일이에요. 항공교통 통제센터는 우리나라 전체의 항공교통 흐름을 통제하는 기관이에요. 그래서 국내 각 공항의 관제탑, 접근관제소, 지역관제소와 긴밀히 협조할 뿐만 아니라 인접국인 중국, 일본과도 업무 협의를 진행하죠. 코로나19 팬데믹 시기에는 급격하게 항공교통량이 감소해서 제한사항이 거의 없었지만, 코로나19 엔데믹 이후 지금은 코로나19 발생

이전처럼 전 세계적으로 항공교통량이 증가하여 항로별로 비행 가능한 항공기의 수용량을 넘어섰어요. 이로 인해 항로별 제한사항이 발생하기도 하고, 태풍과 같은 위험기상이 발생했을 때 안전을 위하여 항로별 제한사항이 발생하기도 해요. 특히 우리나라는 북한과 대치하고 있기 때문에 군사훈련을 위한 공역이 많아서 민간 항공기가 다닐 수 있는 하늘길이 협소한 게 현실에요. 또한 목적지 공항이 소규모 공항인 경우, 특정 시간대에 수용할 수 있는 항공편을 초과하여 몰리면 출발 공항에서 이륙하기 전 단계부터 각각의 항공편별로 이륙 허가 시간을 지정 관리하기도 해요. 이는 기내에서 승객들의 장시간 대기를 막아 불편을 줄이고, 불필요한 공중에서의 지연을 막아 안전을 확보하기 위한 목적이에요. 세계적으로 항공교통의 수요가 증가하고 있어서 가까운 미래에는 항공교통 흐름관리 업무가 더더욱 정밀해져야 하고, 더 큰 역할을 해야 할 것 같아요.

㉠ 비행정보처리업무와 행정업무에 대해서도 말씀해 주세요.
㉢ 비행정보처리업무는 운항 예정인 항공기에 대한 비행 정보를 관제하는 데 활용할 수 있도록 비행 자료를 준비하고, 항공기 운항에 필요한 공항 정보 및 기상 정보 등을 수집하고 관

리하는 업무입니다. 예를 들어 사용 활주로, 풍향, 풍속, 기압치 등을 제공하는 공항정보자동방송장비(ATIS: Automatic Terminal Information Service)의 자료를 최신 정보로 업데이트하고, 운항에 영향을 미칠 시설의 공사계획이나 공역 통제사항 등 관련 항공 정보를 수집하고 관리하죠.

행정업무는 말 그대로 행정관련 업무예요. 공항 내에서 항공기가 이용하는 공항시설에 대한 유지보수 및 개량 공사계획이 있다면 항공기 이동에 영향을 미치지 않도록 관제기관과 사전 업무 협의를 해요. 협의 과정은 회의록이나 주고받은 문서로 기록을 남겨야 하죠. 또한 관제 중에 사용하는 각종 장비들의 관리 역시 필요해요. 관제탑 내에서 관제할 때 사용하는 장비가 많은데, 이러한 장비의 문제점 개선 및 유지관리, 새로운 장비를 도입하기 위한 사전 협의 및 준비 등 행정 처리할 업무가 있어요. 이와는 별개로 민간공항의 관제탑 관제사는 국토교통부 산하 국가공무원이에요. 공무원으로서 필요한 행정 관련 업무와 교육 등도 수행해야 합니다.

관제사와 조종사의 교신은 어떻게 이루어지나요?

㉠ 항공교통의 흐름이 원활하게 이루어지려면 관제사와 조종사 사이에 교신이 잘 되어야 할 것 같아요. 교신은 어떻게 하는 건가요?

㉡ 교신은 우리가 일상적으로 하는 대화와는 달라요. 교신은 관제사가 말하는 것을 조종사가 듣고, 조종사는 들었다고 확인한 다음에 요구 사항을 말하고, 관제사가 조종사의 말을 받는 형식이에요. 관제사가 말을 하는 중간에 조종사는 말을 걸어서는 안 되고 듣기만 해야 해요. 마찬가지로 조종사가 말할 때 관제사는 듣기만 해야 하고요. 이렇게 순차적으로 말을 하고 듣는 과정으로 교신이 이루어져요. 한 명의 관제사가 여러 명의 조종사와 교신하기 때문에 이런 절차가 잘 지켜져야 순조롭게 교신할 수 있어요. 예를 들어 교신해야 하는 조종사가 10명이라고 해봐요. 그럴 때는 순서대로 교신하고 1번 조종사와 교신하고 있을 때 나머지 9명은 듣고 있어야 해요. 만약 관제사가 말을 하고 있는데 누군가 끼어들면 통신에 혼선이 생겨서 무슨 말인지 알아들을 수가 없어요. 통신 장비가 여러 명이 동시에 말할 수 없도록 되어 있어요. 또 한 명의 조종사와

길게 통신하는 것도 좋지 않아요. 조종사는 관제사의 지시를 빨리 알아듣고 빨리 대답해 줘야 다음 조종사와 교신할 수 있어요. 그래야 교신이 원활하게 돌아가는데 조종사의 대답이 늦거나 잘못 대답해서 다시 교정을 해줘야 한다면 나머지 항공기들은 그 시간 동안 계속 기다려야 해서 교통의 흐름이 원활하지 않게 되는 거죠.

㉤ 그래서 관제사와 조종사 사이에 교신의 호흡이 중요해요. 날씨가 급변해서 낙뢰가 치고 비가 쏟아지는 날 항공기가 계속해서 들어오고 있다고 해봐요. 한 대가 밀리면 나머지 항공기가 다 대기하고 있어야 해요. 기다리는 항공기들은 빨리빨리 관제해달라고 요청하는데 그걸 저희만의 노력으로는 어떻게 되질 않아요. 제가 앞에서도 얘기했듯이 관제지시를 했을 때 조종사는 관제의 내용을 알아들었다고 정확하게 리드백할 의무가 있고, 관제사는 리드백한 것을 잘 들었다고 히어백해야 말끔하게 교신이 된 거예요. 그런데 조종사가 리드백을 못하거나 다른 요구를 한다면 교신이 한 번에 끝나지 않고 다시 지시하고 확인하는 과정을 거쳐야 하니까 길게 이어지게 돼요. 그렇게 한 조종사와 교신하고 있는 동안 나머지 항공기는 계속 공항 주변에서 움직이면서 교신 차례를 기다려야 하고 시간이 길어지면 들어오는 항공기가 제때 교신하지 못하여 하

늘이 복잡해지죠.

(편) 어떤 경우에 조종사와 교신이 잘 되지 않는 건가요?

(유) 관제사와 조종사는 표준 관제 용어(STANDARD PHRASEOLOGY)로 교신해요. 영어 표현인데 국제적인 표준이라 매우 간단한 용어들이죠. 그런데 조종사의 국적에 따라 발음이 조금씩 다를 수가 있어요. 저희는 딱 들어보면 알거든요. 러시아어 억양도 있고 중국어 억양 등 조종사에 따라 발음이 다를 때도 있죠. 경력이 있는 조종사들은 좀 덜한 편인데 관제 교신 방법에 아직 익숙하지 않은 조종사의 경우 저희가 잘 알아듣지 못하기도 해요. 조종실 내 복잡한 업무로 잘 듣지 못하는 경우도 있고요. 그러면 한 번에 끝날 것을 두세 번 반복해서 확인해야 하죠. 들었는지 안 들었는지 답이 없는 경우도 있고, 관제 지시와 다르게 조종사가 원하는 대로 오해하고 복창하기도 해요. 통신하는 방법이 익숙하지 않아서 교신 절차를 따르지 않는 경우도 있고요. 조종사도 관제 용어를 익히고 교신하는 방법을 많이 배우고 연습도 많이 하지만 실전에 들어서면 실수하는 일도 많죠.

(임) 관제사는 조종사와 교신하면서 이 교신이 끝나면 다음에 해야 할 관제를 생각해야 해요. 그래서 관제 지시를 하고 다음

교신을 하려고 마음먹고 있었는데 조종사가 이 지시는 불가하다거나 어렵겠다는 답을 할 때가 있어요. 그럼 다음 지시를 해야 하는데 순간 깜짝 놀라서 멈추는 일이 생겨요. 그게 불가하다면 다른 방법을 찾아야 하는데 저는 다음번 조종사에게 지시할 내용을 생각하고 있었으니까 빠르게 대응하기 어려운 상황이 되는 거죠. 또 관제사는 숫자와 알파벳을 관제 용어로 말할 때 실수하는 경우도 있어요. 숫자와 알파벳을 보면 생각하지 않고 입에서 바로 나와야 하거든요. 그런데 당황하거나 다른 생각을 하고 있을 때는 순간적으로 멈추게 되거나 잘못 읽을 수도 있죠. 항공기 편명을 콜 사인이라고 하는데 신입 관제사는 그걸 잘못 부르는 경우가 많아요. 어떤 항공기를 불렀는데 잘못 부르고도 잘못 부른 걸 인지하지 못하다가 조종사의 대답이 없으면 그때서야 알아차리고 고쳐 부르기도 해요.

㉴ 그런 정도로 넘어가면 다행인데 일이 잘못되려면 여러 가지 상황이 겹쳐요. 편명을 잘못 불렀는데 다른 항공기의 조종사가 대답을 하는 거예요. 그러면 일이 꼬이는 거죠. 관제사가 편명을 잘못 불렀을 때 아무도 대답을 안 하면 바로 뭔가 잘못되었다고 인지하고 다시 부르면 괜찮아요. 조종사들은 자신의 편명이 아니면 대답을 안 하도록 훈련이 되어 있어서 침묵이 이어진다면 관제사가 실수한 거죠. 가끔 경력이 많은 조종사

는 상황을 알아차리고 그게 내 항공기가 아니라고 말해줄 때도 있어요. 그것도 괜찮아요. 관제사의 실수를 막아주는 거니까요. 그런데 관제사나 조종사 아무도 실수를 인지하지 못하고 관제 지시가 내려졌다면 큰 문제가 생기죠. 저희는 그걸 구멍이 뚫렸다고 말하는데, 그렇게 되면 항공기 사고로 이어질 확률이 높아요. 그래서 이런 실수를 하지 않도록 관제사는 관제 용어와 교신 절차를 몸에 익히고 입에 익혀서 입으로 바로 뱉을 수 있도록 훈련하고 연습해야 하죠.

지역관제업무는 무엇인가요?

(편) 관제사의 업무는 크게 세 가지라고 하셨어요. 마지막으로 지역관제업무는 무엇인가요?

(윤) 출발 공항에서 목적 공항까지 고도 지정 등 항공로에서 비행하는 항공기를 대상으로 관제업무를 하는 거예요. 관제탑에서 이륙시킨 항공기는 어프로치에서 일정한 고도까지 관제하고 항공기가 항공로에 들어서면 지역관제업무를 하는 관제사에게 이양해요. 저희는 항로관제라고도 부르죠. 항로관제사는 항로 전체를 관여하면서 인접 국가의 관제사들과 교신하는 업무도 해요. 우리나라를 떠난 항공기가 경계를 넘어 인접 국가인 중국이나 일본의 공역으로 들어갈 때 항로관제사는 그쪽 관제사들과 항공기의 고도를 얼마로 바꾸고 싶다고 요청하거나 거꾸로 고도를 얼마로 바꿔서 들어와야 한다거나 하는 등 업무 협의를 해야 해요. 요즘에는 자동으로 이양하는 시스템이 있어서 예전만큼 복잡하지는 않아요. 예전에는 전화해서 몇 시 몇 분에 도착한다고 알려주고 허가를 받던 때도 있었죠. 지금은 그렇게 직접 전화하는 일은 없고 자동화 시스템으로 정보가 업데이트되면 서로 확인하는 정도로 간소화되었어요.

지역관제센터(ACC)

출처 - 국토교통부 항공교통본부

항공교통관제사가
되려면

관제사가 되기 위해서는 어떤 자질이 필요할까요?

㉠ 관제사가 되기 위해서는 어떤 자질이 필요할까요?

㉡ 관제사는 교신하면서 신속한 결정을 내려야 하고 때로는 해결하기 곤란한 상황에 직면하기도 해요. 공항에는 활주로가 여러 개 있어서 항공기가 뜨거나 내리기 위해서는 활주로를 건너다녀야 해요. 예를 들어 관제사가 조종사에게 "활주로 진입 전 대기하세요"라고 지시하면 보통은 조종사가 "대기합니다"하고 복창하기 때문에 그렇게 생각하고 있어요. 그런데 조종사가 "횡단합니다"라고 복창하고 활주로를 건너갈 수 있어요. 조종사가 잘못 복창했다는 것을 관제사가 알아채지 못한 거죠. 이런 경우 관제사가 놓친 말 한 마디로 인해서 사고가 발생할 수도 있어요. 관제사는 교신이 끝날 때까지 다른 생각을 하면 안 돼요. 딱 이 상황에만 집중해서 일을 끝마쳐야 하죠. 그래서 집중력이 있어야 해요.

㉢ 그런데 다른 것들을 다 잊어버리고 조종사와 교신하는 상황에만 집중할 수 없는 상황도 있어요. 조종사도 조종하면서 저희와 교신하듯이 저희도 교신하면서 동시에 기록하고 옆자리에 앉은 다른 관제사와도 소통하며 협업을 해야 해요. 이 항

공기는 이쪽으로 먼저 갈 테니 그 항공기는 다음번에 저쪽으로 보내라는 식이죠. 그리고 공항의 전체적인 흐름을 관리하고 있는 감독석에서 그렇게 하면 다른 항공기들이 밀리게 되니까 다른 쪽으로 돌리라는 지시를 하면 그에 따라서 시정해야 해요. 그런데 조종사와 교신하는 것만 집중하고 있다가 다른 관제사가 하는 이야기를 못 듣는 일이 생기기도 하죠. 그래서 너무 하나에만 집중하면 오히려 협업이 안 되는 경우도 있어요. 사실 처음엔 내 일을 하면서 다른 관제사의 얘기를 듣는 게 쉽지 않아요. 그런데 훈련을 많이 하고 익숙해지면 집중력이 흐트러지지 않으면서도 여러 가지 일을 동시에 할 수 있게 돼요.

임 관제사 중에 '소머즈'라는 별명을 가진 분들이 있어요. 예전에 나온 미국 드라마의 주인공 소머즈는 청력이 아주 좋아서 멀리서 하는 이야기를 듣는 초능력자예요. 멀리서 하는 말도 잘 듣는다고 해서 그런 별명이 붙었죠. 관제석의 섹터는 좀 분리되어 있어요. 저 뒤쪽에 있는 섹터에서 앞쪽에 있는 관제사에게 직접 말을 할 때는 소리를 지르기도 하는데요. 그래도 잘 안 들릴 때는 전화로 얘기를 해요. 실제로 이렇게 관제사들끼리 소통할 일이 많아서 조종사와 교신하면서도 귀는 열어두고 있어야 하죠.

유 그리고 판단력과 순발력, 결단력도 필요해요. 내가 원한 건 아니지만 어쩔 수 없이 원치 않는 상황이 발생할 때도 있어요. 그러면 순간적으로 판단하고 그 상황에 맞는 적당한 조치를 취해야 하니까 빠르게 판단하고 순발력 있게 대처해야 하는 거죠. 또 조금 전에도 얘기했듯이 다른 관제사들과 원활하게 교신하고 협력해야 하니까 협동심이 있어야 하고요. 한 가지 덧붙이자면 공중에서 비행하는 항공기의 위치, 속도, 방향 등을 정확하게 파악하고 안전한 운항을 위한 지시를 내리려면 공간 지각력도 필요해요.

임 이렇게 얘기하니까 너무 빡빡하게 느껴질 것 같은데요. 많이 걱정할 필요는 없어요. 청소년 시기에 이런 자질을 다 갖추기는 당연히 어렵죠. 너무 덜렁대거나 다른 사람의 말을 건성건성 듣지만 않는다면 누구나 어느 정도 훈련을 통해 다 할 수 있는 일이에요.

영어 능력은 필수인가요?

㉠ 전 세계의 조종사와 교신하는 관제사는 영어를 잘해야 할 것 같아요. 어느 정도의 영어 능력이 필요한가요?

㉡ 관제사뿐 아니라 항공 관련 일을 하기 위해서는 영어로 소통하는 능력은 필수예요. 관제용어가 모두 영어로 되어있기 때문이에요. 그래서 ICAO에서 권장하는 항공영어구술능력 증명 4등급 이상을 취득해야 하니까 영어 공부는 열심히 하는 게 좋겠어요.

㉢ 맞아요. 대학에 진학하기 위해서도 영어 능력이 필요하지만 관제사가 되고 싶은 사람들을 교육하는 관제교육원에서도 TOEIC 같은 영어 시험 성적을 제출하라고 해요. 관제사에 지원하기 위해서는 EPTA, GTELP 같은 영어 시험이 필수적으로 필요하니까 영어 공부는 꼭 해야죠.

청소년기에 어떤 활동을 하면 도움이 될까요?

㉠ 중고등학생 시절에 어떤 공부를 하면 도움이 될까요?

㉡ 항공이라는 분야에 대해 폭넓은 이해를 하기 위해 노력하는 부분도 필요하지만, 기본적인 인성이나 교양을 쌓기 위해 다양한 분야의 책을 읽는 것을 추천해요. 어떤 직업을 갖든 그 일에 애정과 관심이 많으면 힘든 일을 해도 극복할 수 있고 보람을 느끼면서 일할 수 있을 것 같아요. 항공 관련 뉴스나 다양한 매체를 통해 항공 이슈 등에 관심을 가지고 정보도 찾아보고, 학교에 항공 분야의 멘토 수업이 있으면 적극적으로 참여해 보는 것도 좋을 것 같아요.

㉢ 한국항공대나 한서대를 목표로 하고 있다면 항공 관련 동아리 활동이나 한국항공우주소년단(공군 스페이스 챌린지) 활동을 추천해요. 중고등학교에서 학생들이 자율적으로 동아리를 만들어 활동하는 것도 좋고, 청소년을 대상으로 하는 항공동아리를 찾아 함께 활동해 보는 것도 좋겠어요. 실제로 얼마 전에 입사한 신입 관제사는 초등학교 때부터 관제사의 꿈을 키웠대요. 중학교 때부터 공군 스페이스 챌린지에 참여하고 고등학교 때는 본인이 항공 동아리를 만들어 활동하고 한서대에

진학해 꿈을 이뤘죠. 요즘엔 항공교통관제와 관련된 사이트도 많고 관제사가 도움을 주는 블로그나 유튜브 영상도 많아서 적극적으로 정보를 찾아보면 더 도움이 될 거예요.

항공교통관제사가 되려면 어디로 진학해야 할까요?

㉠ 항공교통 관제사가 되려면 어디로 진학해야 할까요?

㉡ 관제사가 되려면 자격증을 취득해야 하는데요. 자격증을 취득하려면 지정된 교육기관에서 필수적으로 교육을 받아야 해요. 그래서 대학은 반드시 항공교통관제교육원이 있는 곳으로 진학해야 하죠. 관제사를 배출하는 대학은 전국에 3개 있어요. 한국항공대학교 항공교통물류학부의 항공교통 전공, 한서대학교 항공학부 항공교통물류학과, 경운대학교 항공교통물류학과입니다. 대학을 졸업하고 나면 한국교통안전공단에서 주관하는 항공 국가자격시험을 치를 자격이 주어지죠.

㉢ 대학에 진학하지 않고 바로 항공기술훈련원에 들어가 교육받는 방법도 있어요. 교육생은 23주 동안 기숙사 생활을 하면서 교육받아요. 여기에 응시할 수 있는 자격은 수료일 기준으로 만 18세 이상이 되는 사람으로 항공법 제40조에 따른 항공신체검사 결격 사유가 없어야 해요. 1차는 서류전형인데요, 영어성적이 필요해요. 토익 700점 이상이거나 NEW TEPS 264점 이상이어야 해요. 2차는 필기전형으로 과목은 영어와 항공법령이에요. 영어는 1차에 제출한 토익 등 공인 어학성적

으로 점수를 내고, 항공법령은 객관식 50문항으로 출제돼요. 두 과목이 각각 50%씩 반영되죠. 3차는 신체검사로 제3종 항공신체검사증명서 사본을 제출하는 것으로 대신해요. 항공기술훈련원의 관제사 교육생 모집은 대학교처럼 매년하지 않기 때문에 사전에 잘 확인해야 해요. 그리고 공군 교육사령부 항공교통관제 교육원도 있어요. 군관제사(부사관)를 양성하는 교육기관으로 여기서 이론과 실무 경력을 채우면 한국교통안전공단에서 주관하는 항공 국가자격시험을 치를 자격이 주어지죠. 마지막으로 관제 교육을 받을 수 있는 공군 항공과학고등학교도 있어요. 이 고등학교는 장기 복무 직업군인을 양성하는 고등학교 과정의 군사학교로 졸업생은 공군의 기술부사관으로 7년의 의무복무를 해야 해요. 군인으로서 관제사 업무를 하고 싶다고 일찍 진로를 정했다면 항공과학고등학교에 진학하는 것도 괜찮을 것 같아요.

어떤 과정을 거쳐 관제사가 되는 건가요?

㉠ 항공교통관제사가 되려면 자격증을 먼저 갖춰야 하는데, 자격증 시험을 보려면 어떤 준비가 필요한가요?

㉢ 먼저 응시자격을 갖춰야 해요. 관제사 과정을 이수하고 실무 경력이 3개월 이상 또는 90시간 이상이 되는 사람이 시험을 치를 수 있어요. 그리고 9개월 이상의 관제 실무 경력을 가진 사람이거나 민간항공에 사용되는 군의 관제시설에서 9개월 이상의 관제 실무를 수행한 경력이 있는 사람도 시험을 볼 자격이 있어요. 또 ICAO에서 인정하는 항공교통관제사 자격증을 가진 사람도 응시가 가능해요. 공통적으로 만 18세 이상이어야 하고요.

㉤ 자격증 시험은 1차 필기시험과 2차 실기시험이 있어요. 1차 시험과목은 항공법규, 관제일반, 항행안전시설, 항공기상, 항공교통·통신 및 정보업무로 총 5과목이에요. 각 과목별로 25문항씩 출제되며 30분씩 진행이 됩니다. 시험 합격 기준은 100점을 만점으로 70점 이상이에요. 2차 시험은 항공교통관제에 필요한 기술에 관한 실기 평가와 함께 항공교통관제에 필요한 일반영어 및 표준관제영어에 대한 구술시험으로 이루어

져 있어요. 이렇게 1차와 2차 시험에 합격하면 자격증이 주어
져요.

㉠ 자격증을 취득하고 나서 또 어떤 과정을 거쳐서 관제사가
되나요?

㉡ 관제사로 일할 수 있는 곳은 여러 곳이 있어요. 관제사를
가장 많이 채용하는 곳은 국토교통부인데요. 국토교통부는 매
년 항공 8급 공무원 경력경쟁채용 시험을 시행하고, 전형 방식
이나 시험과목은 채용 공고 때마다 달라질 수 있어요. 임용시
험에 합격하면 관제사는 8급 공무원으로 시작하는 거예요. 시
험은 1차 필기시험, 2차 서류전형, 3차 면접시험으로 진행해
요. 1차 필기시험은 보통 항공법규, 영어, 항공교통관제, 이렇
게 3과목으로 객관식 시험이에요. 1차에 합격하면 서류전형을
보는데요. 이때는 항공교통관제사 자격증과 항공영어구술능
력증명, 항공신체검사증명 서류를 검토해요. 이상이 없다면 3
차 면접시험을 통해 합격자가 결정돼요.

㉠ 국토부가 아닌 다른 곳에서도 관제사를 필요로 하나요?
㉢ 공항공사에서 뽑는 관제사도 있어요. 인천국제공항공사(인
천공항)와 한국공항공사(김포공항)에서는 공항 내 계류장에서 관

제 업무를 수행할 관제사를 뽑아요. 중요한 사실은 비행장이 있는 곳엔 반드시 관제탑이 있고 관제사가 필요하다는 거예요. 대한항공 산하에 정석비행장(제주)이 있는데, 거기도 관제사가 있어요. 또 관제사를 양성하는 대학교 내에 있는 비행장에도 관제사가 있고, 군 공항에도 관제사가 있죠. 하지만 소속은 다 달라요. 학교는 교직원이고, 정석비행장 관제사는 대한항공 소속이고, 군 공항은 각 군 소속이에요.

항공교통관제사가
되면

관제사로 채용된 후에는 어떤 교육과정이 있나요?

㊟ 국토교통부 관제사로 임용되면 어떤 교육을 받나요?

㊡ 국토부 소속 관제사는 입사 후에 약 3주 동안 항공기술훈련원 또는 국토부 인재개발원에서 공무원 초기교육을 받아요. 공무원으로서 갖춰야 할 기본 역량 같은 내용이죠. 이 교육이 끝나면 각 시설에 있는 훈련센터에서 일정 기간 집체교육을 받고 관제탑이나 접근관제소, 항로관제소 현장에 배치되어 한정자격증(RATING)을 취득해요. 한정자격은 그 시설에 한정해서 일을 할 수 있다는 자격으로 현장에 배치된 후 훈련교관의 감독하에 근무하면서 취득할 수 있어요. 인천관제탑은 1~2년, 서울접근관제소는 2~3년 안에 한정자격증을 취득합니다.

㊟ 한정자격증을 취득하기 위한 훈련을 또 받는 건가요?

㊡ 인턴처럼 일을 배운다고 생각하면 될 것 같아요. 관제사 자격증이 있으면 접근관제소나 관제탑, 항로관제를 모두 할 수 있어요. 그런데 각 시설과 업무마다 특성화된 일이 있어서 선배 교관 관제사의 감독 하에 일을 배우는 거예요. 처음부터 한 사람의 몫을 다 할 수는 없는 거죠. 조종사도 자격증은 있

유영미 관제사, 관제훈련센터

지만 다른 기종의 항공기를 조종할 때는 그 기종에 맞는 한정
자격증을 취득하듯이 관제사도 마찬가지예요. 예를 들어 서울
어프로치와 제주 어프로치가 있으면 각 공항의 상황이 다르
고 시설이 달라서 그 환경에 맞는 업무 절차를 배우는 거예요.
시설에 따라 1~2년이 걸릴 수도 있고, 2~3년이 걸릴 수도 있
어요. 만약에 서울 어프로치에서 일하다가 관제탑에서 일하고
싶다면 관제탑 업무에 맞는 한정자격증을 다시 취득해야 하는
거죠.

ⓘ 처음에는 훈련센터에서 기본 교육을 받아요. 그리고 멘토-멘티를 맺어서 한 선배가 가르치기도 하고, 여러 선배들이 돌아가면서 훈련을 하기도 해요. 두 가지 방법이 모두 장단점이 있어요. 그런데 여러 선배에게 배울 때가 좀 더 힘들기는 해요. 사람마다 일하는 방식이 조금씩 다르기도 하고 성격도 좀 다르잖아요. 어제 가르쳐준 선배는 이렇게 하라고 했는데, 오늘 가르쳐준 선배는 다르게 하라고 하기도 해요. 하지만 나중에 보면 여러 사람에게 배우는 게 더 업무 효율이 높을 수 있어요. 혼자 업무를 하려면 판단력과 순발력을 길러야 하는데 한 사람에게 배우는 것보다 여러 사람에게 배우는 게 더 효과적이더라고요. 훈련 방식이 딱 정해진 건 아니지만 두 가지 방법을 적절하게 섞어서 하는 게 좋은 것 같아요.

ⓟ 한정자격증을 취득하는 시험이 따로 있는 건가요?
ⓤ 훈련받는 모든 사람이 한날한시에 자격시험을 치르는 게 아니라 개별적으로 심사받아요. 먼저 업무 별로 정해진 훈련 시간을 채운 후 본인이 준비되었다고 판단하면 심사를 신청할 수 있어요. 또 교관이 보기에 준비가 되었다고 판단하고 추천하기도 해요. 그러면 심사 계획을 수립하고 심사일이 결정되죠. 심사는 구술시험과 업무 평가가 있어요. 이론적인 것은

구술로 평가하고 업무 평가는 실제 업무를 혼자 하는 것으로 평가받아요. 심사하는 날은 심사관이 지켜보는 가운데 업무를 해야 해요. 그런데 만약 실수를 해서 심사관이 개입하는 일이 생기면 떨어지는 거예요. 아무도 개입하지 않고 오롯이 혼자서 업무를 처리하면 통과하는 거고요. 또 비정상 상황이 발생했을 때 어떻게 대응하는지 알아보기 위해서 시뮬레이터로 평가를 하기도 해요. 실무를 할 때 비정상 상황은 잘 일어나지 않으니까 모의 훈련 장비를 통해 비정상 상황을 만들어놓고 어떻게 업무를 수행하는지 평가하는 거예요. 이 모든 시험에 통과하면 한정자격증을 취득하는 것이고 실패하면 자격을 갖출 때까지 더 훈련하고 시험을 다시 봐야 해요.

편 그러면 지역을 옮기거나 업무를 변경할 때마다 그에 맞는 한정자격증을 취득해야 하는 건가요?

임 네. 지역을 옮기거나 업무를 변경할 때는 한정자격을 다시 취득해야 해요. 저희가 입사한 2000년은 인천공항이 개항하기 전이라 김포공항에 배치되어 김포관제탑/서울접근관제서 한정자격을 취득하기 위해 훈련을 했어요. 그런데 2001년 인천공항이 개항하면서 저는 한정자격을 취득하지 못한 채로 인천공항으로 옮겨갔어요. 이후 인천공항에서 인천관제탑 한정자격 취득훈련을 새로 시작했죠. 유영미 관제사는 서울접근관제소에서 계속 한정자격 훈련을 했고요.

편 관제사로 채용되면 일하고 싶은 곳을 지원하는 건가요? 아니면 부서 배치를 받는 건가요?

유 관제사를 뽑는 인원은 해마다 달라요. 예를 들어 관제사 30명을 뽑는다는 공고가 났다고 해봐요. 이 인원은 각 시설별로 필요한 인원을 집계한 거예요. 그래서 임용된 관제사는 채용시험 결과와 신규자 교육 성적 등에 따라 부서 배치를 받아요. 서울지방항공청, 부산지방항공청, 제주지방항공청에서는 비행장관제업무(관제탑)와 접근관제업무(접근관제소)를 하게 되고, 항공교통본부에 배정받으면 지역관제업무(항로관제) 등을 하게 됩니다.

관제사의 근무 시간은 어떻게 되나요?

(편) 관제사의 근무 시간은 어떻게 되나요?

(임) 인천공항 관제탑은 24시간 멈추지 않고 돌아가요. 관제사의 업무 스케줄은 한 달 단위로 받고 5개 팀이 2교대로 근무해요. 대체로 주간근무-주간근무-야간근무-비번-휴무, 이렇게 구성이 되죠. 공휴일이나 명절 등 연휴 없이 365일 교대근무를 하고 있어요. 주간근무는 08시 45분에 시작해서 18시에 끝나고, 야간근무는 17시 45분에 시작해서 다음날 09시에 끝납니다. 업무 시작 시간이 45분인 이유는 15분 동안 근무교대 브리핑을 하기 때문이에요. 야간 근무시간이 주간 근무시간보다 길어서 힘들지만, 출퇴근을 위한 접근성이 좋지 않아 최대한 피로를 줄이면서 근무에 지장을 주지 않기 위한 최선책인 것 같아요. 그리고 22시부터 다음날 6시까지 근무를 한 경우에는 별도로 야간 근무수당이 지급돼요.

(유) 제가 일하는 서울접근관제소도 마찬가지로 365일 24시간 운영됩니다. 코로나19 이전인 2019년에는 인천공항을 입출항하는 항공기는 하루에 약 1,200대, 김포공항은 약 400대, 그리고 서울공항에서 입출항하는 항공기와 서울접근관제소 공역

을 통과 비행하는 항공기까지 관제업무의 대상이었죠. 코로나 19 시기에 항공 교통량이 줄었지만 현재는 다시 코로나 이전으로 회복되고 있어요. 관제탑과 마찬가지로 2교대 근무하고 있고, 근무시간과 근무패턴도 동일해요.

㉤ 야간 업무 시간이 길어서 주간 업무보다 힘이 더 많이 들고 근무 인원이 부족해서 연속적으로 이틀 야근을 하게 되는

인천관제탑에서 야간근무하는 임은정 관제사

경우가 있어요. 이때는 피로 관리 차원에서 2일차 야근시간을 3시간 정도 줄여서 근무해요. 또 근무 편성도 유연하게 하려고 해요. 교통량이 집중되는 시간대에는 일부 인원의 근무시간을 달리 정해서 근무지원을 하고 있어요. 관제사의 수요에 비해서 아직은 인원이 충분하지 않아서 어려운 점이 있는 건 사실이에요.

㉠ 항공 관련 일을 하는 분들은 업무를 시작할 때 꼭 받아야 하는 검사가 있다면서요?

㉨ 항공교통 종사자 중에 출근할 때 음주 측정을 해야 하는 직종이 있어요. 대표적으로 항공기 조종사와 관제사인데요. 관제사들은 출근하면 바로 노트북과 연결된 카메라에 얼굴을 비추고 지문을 인식해요. 그리고 음주측정기로 음주 측정을 하죠. 이 모든 과정은 녹화되어 노트북에 저장되고요. 음주 측정 결과 혈중알코올농도가 0.02퍼센트 이상으로 확인되면 즉시 관제 업무에서 배제돼요. 그래서 관제사들은 근무 전날에는 과도한 음주는 하지 않는 등 자기 관리가 필요해요.

㉠ 관제 업무는 고도의 집중력을 발휘해야 한다고 하셨어요. 오랜 시간 집중하는 일이 힘들 때는 어떻게 하나요?

음주측정

㉛ 관제업무는 집중력이 요구되는 일이라 보통 2시간 근무하고 1시간 휴식시간을 가져요. 하지만 근무 상황에 따라 달라질 수도 있어요. 야간근무 때는 총 근무시간이 길고, 교통량이 현저히 적은 시간대가 있기 때문에 주간근무 때와 달리 3~4시간 연속으로 휴식할 수 있는 시간이 있어요. 개별 휴식실에서 휴식을 취하고 교대로 근무하죠. 하지만, 만약 근무 중 비상상황이 생긴다면 관제실에 있는 비상벨을 눌러 대기중이던 모든 관제사가 관제실로 달려와요.

㉴ 쉬는 시간에 온전히 쉴 때도 있지만 다른 행정 업무를 하기도 해요. 또 꼭 받아야 하는 사이버교육도 있어서 이 시간에

하고요. 관제 업무의 긴장을 벗어나는 정도에서 시간을 활용하는 경우가 많아요.

㉠ 인천공항은 24시간 항공기가 내리고 뜨는데요. 특히 새벽 시간에는 관제사도 많이 힘들 것 같아요. 이럴 때는 어떻게 하세요?

㉴ 야간 근무할 때는 15시간 동안 깨어 있을 수가 없어서 교대로 3~4시간 눈을 붙이는 정도의 휴식시간을 가져요. 보통은 업무량이 적은 한밤중에 많이 쉬고 새벽에 다시 일을 시작해요. 새벽 4시부터는 인천공항으로 착륙하기 위해 들어오는 항공기들이 많아요. 그때는 조종사들도 밤새 비행하고 들어오기 때문에 많이 피로하죠. 그래서 저희는 새벽 근무를 할 때 정신을 더 바짝 차리고 목소리 톤을 높여서 카랑카랑하게 말하려고 노력해요. 조종사들이 졸린 상태라면 빨리 깨시라고요.

• 주간근무

08:30 출근해서 음주 측정을 해요. 혈중알코올농도 0.02퍼센트 이상으로 확인되면 즉시 업무에서 배제되고 통과하면 업무를 시작합니다.

관제탑 음주측정

08:45 주간근무조와 교대하기 위한 상번 브리핑 시간이에요. 하번 팀장님이 브리핑을 실시하는데요. 사용 활주로, 기상 상태, 업무관련 주의사항, 노탐(NOTAM: Notice To Airmen), 기타 사항을 전달해요. NOTAM은 비행에 영향을 줄 수 있는 항공 관련시설이나 업무 절차 또는 장애 요소 등 항공기 운항 관련 자가 필수적으로 알아야 할 내용입니다. 노탐은 항공고시보에 공지된 공고문으로 수시로 확인해야 하죠.

근무교대브리핑

09:00 일일 근무 스케줄을 확인하고 근무석에 앉아 근무해요. 근무 스케줄은 팀장이 작성하고 매일 달라집니다. 2시간 근무,

1시간 휴식이 기본이에요. 다만 근무 상황에 따라 달라질 수 있어요.

11:00 ~ 13:00 교대로 1시간씩 점심시간을 가져요. 근처 식당을 이용하거나 도시락을 싸와서 휴게실에서 먹어요.

18:00 야간 근무자들과 교대 후 퇴근해요. 근무 중 특별한 일이 발생하지 않으면 퇴근 후에 회사와 관련한 일은 없습니다.

· 야간근무

17:30 주간근무와 마찬가지로 출근해서 음주 측정을 해요.

17:45 하번 브리핑 시간이에요. 상번 팀장님이 브리핑을 실시하고, 내용은 주간근무와 같아요.

18:00 일일 근무 스케줄을 확인하고 근무석에 앉아 일을 합니다. 2시간 근무하고 1시간 휴식하는 기본은 같지만 상황에 따라 달라질 수 있어요. 야간근무는 시간이 길기 때문에 새벽 시

간대에는 연속으로 4시간까지 근무하고 3~4시간 연속 휴식 시간을 가질 수도 있어요. 개별 휴식실에서 잠시 취침하거나 쉬는 시간을 갖습니다.

익일 09:00 주간근무자들과 교대 후 퇴근합니다.

국내에 항공교통관제사는 얼마나 있나요?

㉠ 현재 국내에서 일하고 있는 관제사는 얼마나 될까요?

㉴ 현직에 있는 관제사는 약 600명 정도인 것으로 파악하고 있어요. 공항의 규모에 따라 인원도 다른데요. 서울지방항공청 산하 관제업무를 하는 인천공항은 인천관제탑과 서울접근관제소 시설을 합쳐 109명, 김포공항은 22명, 양양공항은 7명이에요. 이 외에도 타 소속의 관제기관(관제탑, 접근관제소, 지역관제소 등)에서 일하는 관제사들이 있어요.

㉠ 남녀 비율은 어떤가요?

㉴ 전체적으로 보면 여성의 비율이 높은 편인데요, 업무 현장에 따라서 남녀 비율이 달라요. 인천관제탑과 서울접근관제소에서 일하는 관제사 중에 남성은 30퍼센트 정도로 여성이 훨씬 많아요. 김포공항은 남성이 조금 많고, 양양공항은 남성이 훨씬 많죠. 지역관제업무를 담당하고 있는 인천 ACC는 남성이 60퍼센트 이상이고, 대구 ACC는 남성이 절반이 넘죠. 현재는 여성 관제사의 비율이 계속 증가하는 추세예요.

관제사의 직급 체계는 어떻게 되나요?

편) 관제사의 직급 체계는 어떻게 되나요?

임) 채용 시험에 합격하면 관제사는 8급 항공서기의 직급이에요. 2~3년 후 7급 항공주사보로 승진하고 그 후에 6급 항공주사, 5급 항공사무관, 4급 항공서기관으로 진급하죠. 관제 현장에서 근무하는 관제사는 6급 이하이고 5급 항공사무관으로 승진하면 각 지방항공청의 과장급 또는 항공정책실 실무를 담당해요. 4급 서기관이 되면 각 지방항공청의 국장급 또는 항공정책실 과장급의 업무를 해요.

연봉은 얼마인가요?

편) 연봉은 얼마인가요?

임) 관제사는 국토부 소속 공무원이기 때문에 국가공무원 보수 규정에 따라 연봉을 받고 연차가 쌓일수록 연봉이 올라가는 호봉제예요. 8급 공무원일 때는 연봉이 2,500만 원 정도로 다른 공무원과 차이가 없어요. 그런데 관제사는 야간근무를 많이 하기 때문에 야간근무수당과 초과근무수당이 있어서 일반 공무원보다 연봉을 더 받아요. 그래서 공무원으로 20년 차가 넘으면 연봉이 7,000만 원 이상이 됩니다. 그리고 인천공항공사나 한국공항공사의 계류장관제사 연봉은 국토교통부 소속 관제사들과 달리 1억 원이 넘는 경우도 있어요. 대신 공무원은 퇴직금과 연금이 보장되는데, 공사의 관제사는 계약에 따라 조건이 다를 수 있어요. 그러니 잘 따져보고 원하는 곳에 지원하면 될 것 같아요.

복지제도는 어떤가요?

(편) 복지제도는 어떤가요?

(임) 공무원으로서 누리는 복지혜택은 다른 공무원과 다를 바 없어요. 그런데 관제사라는 업무의 특성상 별도의 수당이 지급된다는 점이 좀 다르죠. 또 현업에 있는 관제사는 피로 관리를 위한 노력을 많이 하는데요, 야간근무를 하기 때문에 일반 건강검진(매년1회)과 별도로 특수건강검진(매년1회)을 실시하며 현장 시설에 체력관리 지원을 위한 운동기구 및 샤워 시설을 지원해주고 있어요. 더불어 종합건강검진을 할 경우 일정 금액의 지원을 격년마다 해주고 있죠.

(윤) 임신한 관제사는 모성보호 시간을 사용할 수 있어요. 또 육아 휴직을 했거나 유학 휴직을 했을 경우도 법에서 정한 기간 사용할 수 있고, 기간이 지나면 대부분 원래 근무지로 복귀할 수 있어요.

관제사 자격을 유지하기 위한 교육이 있나요?

편 관제사 자격을 유지하기 위해 하는 일은 무엇인가요?

임 관제사는 공무원으로서 연간 이수해야 할 필수교육들이 있어요. 주제별로 청렴, 보안, 성희롱 방지, 통일 등 다양하고 교육의 형태는 온라인에서 수강할 수 있는 사이버교육이에요. 그리고 승진을 위한 필수교육도 따로 있고요. 여기까지는 모든 공무원이 이행하는 교육이고, 관제사만 따로 해마다 이수해야 할 교육이 있어요. 2년 동안 20시간 받아야 하는 정기교육이 있고, 분기별로 위기대응훈련과 저시정운영절차 교육을 받아요. 안개가 짙게 끼거나 폭우가 내려 앞이 안 보일 때를 저시정이라고 하는데, 조종사도 안 보이는 상태로 조종을 해야 하고 관제사도 마찬가지로 보이지 않는 상황에서 관제를 해야 하죠. 이럴 때는 특별 절차가 있어서 훈련을 통해 익히는 거예요. 한 번만 하는 교육이 아니라 분기별로 반복적으로 훈련하고, 특히 교통량이 많은 인천공항의 경우는 훈련을 더 많이 하는 편이에요. 우리나라는 안개가 많은 지역이라 조종사들도 모두 저시정 훈련을 해요. 그런데 동남아시아 국가는 안개가 끼지 않는 날씨라 저시정 운항 자격을 취득하지 않은 조종사가 많아요. 그 교육도 비용이 들기 때문에 하지 않는 경우도 있고요. 그런 분들이 우리나라에 들어오게 되면 착륙할 수가 없어요. 빠른 시간에 안개가 걷히지 않을 경우는 체공하거나 다른 공항으로 회항했다가 날씨가 좋아지면 재급유해서 다시 오는 거죠. 관제사는 조종사의 자격을 확인하고 내릴 수 있는지 없는지 판단해서 목적 공항으로 접근을 시키거나 기장님이 다른 공항으로 회항하기를 결정한다면 그에 맞는 관제를 해야 해요.

㉨ 시뮬레이션으로 하는 역량 강화 훈련도 있어요. 이것도 마찬가지로 분기별로 하고 필요하다고 판단되는 때도 하죠. 코

인천관제탑 시뮬레이터실

로나19 때 하루 교통량이 1,200대에서 200~300대 정도로 줄었을 때 역량 강화 훈련을 많이 했어요. 교통량이 줄면 실무는 편하지만 업무 감각은 떨어져요. 그래서 시뮬레이션으로 교통량이 많은 상황을 똑같이 만들어놓고 훈련했죠. 교통량이 회복될 때를 대비해 업무 감각을 유지하기 위한 훈련이었어요.

그리고 국제공항에서 일하기 위해 필요한 영어자격증(EPTA, ENGLISH PROFICIENCY TEST FOR AVIATION, 항공영어구술능력증명시험)의 등급을 유지해야 해요. 교통안전공단에서 주관하는 시험인데, 관제사는 4등급에서 6등급 자격을 가지고 있어요. 그런데 등급에 따라 자격증을 갱신해야 하는 기간이 있어요. 4등급은 3년에 한 번, 5등급은 6년에 한 번 갱신 시험을 봐야 하고, 6등급은 평생 면제예요. 시험문제는 직무(항공교신) 위주로 구성되어 있고, 듣기 말하기 능력을 통합하여 평가하는 시험으로 5등급 이하는 컴퓨터 기반시험(CBT)이고 6등급은 인터뷰 방식의 시험이에요. 관제 영어를 잘해야 하는 건 물론이고, 영어로 소통하는 능력이 필요해요. 요즘 신입 관제사들을 보면 영어를 참 잘해요. 그런데 관제 영어가 익숙하지 않아서 시험을 통과하지 못하는 경우도 있어요. 반대로 경력이 많은 관제사들은 관제 영어는 익숙하지만 영어로 상황을 설명하는 것은 약간 부족하기도 해서 어려움을 겪기도 하죠.

이 일을 위해서 노력하는 것이 있다면?

편 항공교통이 발달하고 항공기가 늘어나면서 관제사가 할 일이 많아지는 것 같아요. 이 일을 잘하기 위해서 따로 노력하는 것이 있나요?

유 호출부호를 틀리지 않으려고 항상 노력하죠. 보통 항공사의 호출부호는 세 글자로 되어있는데 새로 생긴 항공사가 많다 보니 비슷한 이름도 많아요. 예를 들어 CSS도 있고 CSC도 있다면 CSS는 '찰리 씨에라 씨에라'로 읽고 CSC는 '찰리 씨에라 찰리'로 읽어야 하는데 빨리 읽으면 상대방이 잘 못 알아들을 때도 있어요. 그래서 오래된 항공사들을 부를 때는 빠르게 발음하지만 신생 항공사는 하나씩 끊어서 발음하죠. 요즘엔 레이더 관제장비가 좋아져서 항공기의 라벨을 한 번 클릭하면 거기에 맞게끔 호출부호가 나와요. 하지만 낯선 부호는 부를 때 익숙하지 않아서 실수를 할 수도 있어서 정보가 업데이트될 때마다 찾아서 외우고 있어요. 그래야 업무가 수월하니까요.

임 저희들끼리 매너리즘에 빠지면 안 된다는 말을 많이 해요. 관제사의 업무는 몸에 잘 익히면 그다지 어려운 일이 아니라고 생각해요. 또 비정상적인 돌발 상황을 제외하고는 대부분 반복적인 일이라서 새로운 해결책을 찾아야 하는 일도 아니고요. 그런데 오랫동안 숙련된 일이라고 방심하는 건 경계해야 해요. 방심하는 순간 또 실수를 하기도 하니까요. 그리고 새로운 장비와 시스템을 배우고 적용하는 노력도 하고 있어요. 인천공항은 24시간 운영하기 때문에 교통량이 지금보다 훨씬 늘어날 수 있어요. 교통량이 증가할 때를 대비해서 새로운 장비를 들여오고 새로운 시스템을 개발해서 시험하고 있거든요. 바쁜 근무 중에도 새로운 장비/절차들을 시도하다 보니 혹시나 잘못되지 않을까 부담스러울 때도 있어요. 하지만, 필요한 일이라 생각하며 모든 관제사가 힘을 합쳐 더 좋은 관제시스템을 만들기 위해 애쓰고 있어요.

항공교통관제사의 세계

비정상 상황은 무엇인가요?

㉠ 공항은 항공기의 이·착륙이 쉼 없이 이뤄지는 곳인데 가끔 어떤 상황이 발생해서 금지되었다는 뉴스가 나오기도 해요. 어떤 때 이런 일이 벌어지나요?

㉤ 정상적인 업무를 벗어난 상황을 저희는 비정상 상황이라고 불러요. 이런 일이 실제로 가끔 일어나죠. 어느 날은 갑자기 타워에서 모든 항공기의 착륙을 금지하는 지시가 내려오는 때가 있어요. 이런 일은 보통 활주로에 이물질이 발견되었을 때 발생해요. 예를 들어 활주로에 조류 사체가 발견되었거나 항공기 부품이 떨어져 있다고 보고되는 경우예요. 활주로에 이상이 생기면 문제가 해결될 때까지 입항하는 항공기들을 공항 주변에 체공시켜야 하죠. 특히 입항하는 항공기들이 많을 때 이런 상황이 발생하면 교통패턴을 다시 만들어야 하기 때문에 관제하기 너무 힘들어요. 그래서 인원을 더 투입해 추가 관제석을 열어서 문제를 해결하기도 해요. 요즘에는 공항 주변에 신고되지 않은 드론이 드론탐지레이더에 포착되었다는 상황 접수를 받으면 이·착륙이 전면 중단돼요. 실제로 2020년 9월 26일에 인천공항에서 미확인된 드론이 발견되어 항공기들

이 장시간 체공하다 김포공항으로 회항했던 사건도 있었죠.

㉥ 참고로 드론에 대해 더 말씀드리자면 비행장 주변 반경 9.3km 내는 공항관제권 구역으로 드론을 띄울 수 없어요. 또 공항 주변에서 드론 비행을 하려면 사전 허가를 받아야 한다고 항공안전법에 규정되어 있어요. 이·착륙하는 항공기와 충돌할 위험이 있기 때문이에요. 외국에서는 이미 드론을 이용한 공격이 현실화되었고, 우리나라에서도 충분히 그런 일이 벌어질 수 있기 때문에 항공기의 안전을 보장하기 위해 공항에서는 드론탐지시스템을 통해 적극적으로 드론 활동을 감시하고, 드론이 탐지되면 즉각 대응하고 있어요. 예전에는 드론탐지시스템이 없어서 드론을 봤다는 신고가 들어오면 사람이 가서 육안으로 확인하곤 했어요. 확인하는 시간 동안 항공기 이·착륙이 금지되었죠. 지금은 드론탐지시스템이 생겨서 정확한 드론 탐지와 드론 조종자 신원 확보를 신속히 할 수 있게 되었어요. '아무도 안보니깐 괜찮겠지' 하고 드론을 함부로 띄우면 이제는 다 탐지가 되니 하시면 안 돼요.

드론을 비행하기 전 반드시 승인 받아야 할 경우

출처 - 국토교통부 항공교통본부

(편) 혹시 일어날지도 모를 상황에 대비해 철저하게 감시하고 대응하고 있다니 안심이 되네요. 또 다른 상황도 있을까요?

(임) 강화도 부근에 북한 무인기가 출현했다는 군의 통보와 함께 이·착륙을 통제한 사례도 있어요. 가끔 북한에서 미사일을 발사했다는 속보가 뜨면 우리나라 국민이라면 누구나 긴장하겠지만 저희는 엄청 더 긴장하죠. 관제중인 모든 항공기에게 관련 정보를 전달해야하고, 상황에 맞게 통제해야하니까요. 이처럼 언제 어떻게 무슨 일이 생길지 모르니, 관제사는 항상 마이크를 잡고 근무할 때는 긴장의 끈을 놓을 수가 없습니다.

정상적으로 이·착륙하지 못하는 상황은 왜 발생하나요?

(편) 항공기가 정상적이고 순차적으로 이·착륙한다면 더없이 좋겠지만 돌발 상황이 발생하는 경우가 많다고 들었어요. 실제로 어떤 일들이 있나요?

(임) 항공기는 정밀하고 복잡한 기계라서 언제 어디서든 문제가 발생할 수 있어요. 그래서 항공기 기체 이상으로 비상착륙을 한다든지, 착륙을 정상적으로 했더라도 항공기가 자력으로 이동이 어려워 견인차를 필요로 할 때도 있어요. 또 이륙 활주중에 문제가 발생해서 이륙을 중단하는 경우도 종종 일어나죠. 이런 경우 관제사는 즉시 관계기관에 상황을 전파하고 항공기가 안전하게 이·착륙하도록 도움을 주며 적절한 조치를 취하게 되죠. 이렇게 항공기 자체의 문제 때문에 돌발 상황이 벌어지기도 하고, 여객기 승객들과 관련한 일도 일어나요.

코로나19가 한창 유행하던 시기에는 공항에서 여객기의 비중이 거의 없고 화물기만 다녔던 적도 있는데요. 지금은 여객기의 비중이 팬데믹 이전으로 회복되었어요. 우리나라의 경우 전체 항공 교통량 중 여객기 비중이 화물전용기에 비해 훨씬 많죠. 여객기 비중이 많으면 승객과 관련된 상황도 많이 일어납니다. 위급한 환자가 발생하기도 하고, 항공기가 출발한 후에 항공기에서 갑자기 내리겠다는 승객으로 인해 다시 주기장으로 돌아가는 일도 발생하고요. 또 기내난동을 부리는 승객이 발생하여 항공기 조종사가 무선 교신을 통해 관제사에게 경찰을 요청하는 경우도 있죠. 이렇게 항공기 자체의 문제, 여객기의 문제도 발생하지만 다른 한편으론 외부 요인에 의해서 비상 상황이 발생하기도 해요.

(편) 외부 요인이라면 새떼를 말씀하시는 건가요?

(임) 네, 가끔 뉴스에 이륙하던 항공기가 새떼와 충돌해서 비상착륙을 했다는 기사가 나오는 걸 들어봤을 거예요. 사계절이 뚜렷한 우리나라에선 철새의 이동이 많아요. 특히 기러기 떼의 이동 시기와 항공기의 이·착륙 타이밍이 맞물리면 예기치 않게 항공기와 조류 간의 충돌이 발생하죠. 실화를 기반으로 제작된 영화 〈설리: 허드슨강의 기적〉을 보면 조류 충돌이 얼마나 위험한지 알 수 있어요. 새떼만이 문제는 아니에요. 인천공항의 경우 공항 주변 야생동물(주로 고라니와 고양이)들이 공항 안으로 들어와 애를 먹이기도 해요.

그리고 요즘엔 드론도 가끔 문제가 되죠. 드론 산업이 활성화되면서 공항 주변에서 허가받지 않은 드론이 비행하는 게

탐지되어 항공기 운항에 영향을 미치는 상황이 발생하고 있어요. 이러한 일들로 관제사가 항공기뿐만 아니라 주변 환경을 면밀히 관찰하고 이상이 없는지 확인해야 하고, 조금이라도 항공기 운항 안전에 위협이 된다고 판단하면 관제사는 활주로 운영 중단을 결정해야 합니다.

관제 업무가 몰리는 시간에는 어떻게 대응하나요?

Ⓟ 관제 업무가 몰리는 시간에는 어떻게 대응하나요?

Ⓤ 인천공항은 24시간 운영하는 공항인데 김포공항은 공항 주변이 인구 밀집 지역이라 밤 11시부터 다음 날 오전 6시까지 운항이 통제되는 시간(CURFEW)이 있어요. 얼마 전에 제주에서 김포로 오는 항공기가 15초 차이로 김포공항에 착륙했다는 기사가 난 적이 있는데요. 밤 11시가 넘으면 어쩔 수 없이 인천공항으로 회항을 해야 해요. 30초에서 1분 차이로 김포공항에 못 내리고 인천공항으로 회항하면 항공사는 탑승객의 편의를 위해 인천공항에서 김포공항 인근까지 오는 교통편을 제공해야 하는 등 여러 문제가 발생하죠. 이럴 때 관제사도 정신을 바짝 차리고 23시 이전에 항공기들이 착륙하도록 해야 해요. 평소에도 22시에서 23시 사이에 도착하는 항공기들을 시간 안에 착륙하도록 줄을 세워야 해서 야간 업무 중 제일 중요한 시간이에요. 특히 여름 휴가철에는 제주에서 김포로 오는 항공편이 많기도 하고 기상 조건이나 출발지 공항의 문제로 지연되는 일이 자주 발생해요. 그래서 더 신경 써서 관제 업무를 해야 하는데요. 22시가 넘어 김포공항으로 입항하는 항공

기들이 줄줄이 들어오면 통제 시간에 안 걸리게 정말 촘촘하게 항공기들을 줄 세워서 착륙하게 만들어야 해요. 그래서 이 시간대에는 숙련된 관제사를 배치하려고 해요. 제주에서 출발할 때도 엄청 짧은 간격으로 많은 항공기를 이륙시키기 때문에 정말 2분 간격으로 항공기들이 촘촘하게 김포공항으로 들어와요. 항공사에서도 이 시간대에는 숙련된 조종사들을 많이 투입한다고 하더라고요. 이때는 관제사와 조종사의 호흡이 정말 중요하죠.

㉠ 조종사는 빨리 착륙하려고 하고 관제사는 순서대로 줄을 세워 착륙시켜야 하는 게 쉬운 일은 아닐 것 같아요.

㉡ 활주로의 방향은 바람의 방향에 따라 결정이 되는데 김포공항의 경우 바람이 북서 방향에서 불면 거리가 단축돼서 빨리 착륙할 수 있어요. 그런데 남풍이 불면 항공기가 돌아서 내려야 하니까 약 10분 정도의 시간이 더 걸려요. 그래서 22시가 넘으면 북서 방향으로 착륙할 수 있는 활주로를 운영할 수 있도록 해요. 그리고 조종사분들도 소음통제시간이 되기 전에 계획된 모든 항공기가 내릴 수 있게 잘 협조해 주세요. 예를 들어 지금 10시 55분이니까 여유가 있다고 천천히 가버리면 뒷 항공기가 늦어지잖아요. 그러니까 그때는 서로 다들 알아

서 착착 속도를 맞춰주세요. 오늘은 내 순서가 앞이지만 내일은 뒤에 있을 수 있잖아요. 다들 그런 마음으로 협조를 잘 해주시죠.

편 김포공항이 통제 시간일 때 김포공항 관제탑은 문을 닫는 건가요?

임 통제시간 동안 항공기 이착륙 업무는 없지만 그 시간에 할 일이 있어요. 파손된 도로의 공사도 하고 등화 점검도 하고 정기적으로 보수해야 하는 시설들도 있거든요. 항공기가 많을 때는 작업을 못 하니까 항공기 없는 시간에 주로 작업을 하죠. 이때 관제사는 지상에서 움직이는 차량과 인원을 통제하고 작업을 조율하는 일을 해요. 또 군 헬기가 공항 주변을 지나갈 때 교신하는 일도 해요. 군 헬기는 공항에 들어오지는 않지만 밤에도 다녀요.

날씨는 관제 업무에 어떤 영향을 미치나요?

(편) 날씨가 항공기 이·착륙에 큰 영향을 미치는데, 날씨에 따라 달라지는 일은 무엇인가요?

(임) 항공기 운항에 중요한 건 날씨, 곧 항공기상이에요. 바람, 안개, 급변풍, 폭설, 폭우, 태풍, 천둥, 번개 등 기상요소는 매번 수시로 체크하는 아주 중요한 사항 중 하나입니다. 어떤 날씨냐에 따라 관제사가 해야 할 일이 다르니까요. 먼저 풍향과 풍속에 따라 달라지는 일을 말씀드릴게요. 항공기가 이·착륙할 때는 그날의 날씨에 따라 활주로 방향을 결정해요. 결정 요인은 풍향, 풍속이죠. 관제사는 AMOS(Aerodrome Meteorological Observation System:공항기상관측장비) 기상장비에 나오는 풍향과 풍속 정보를 이용해요. 항공기는 바람이 불어오는 방향으로 이·착륙해야 안전하므로, 바람 방향이 바뀌면 사용할 활주로의 방향을 바꿔야 하죠. 특히 봄가을의 경우 남동풍이 불다가도 어느새 북서풍으로 바뀌어 하루에 몇 번씩 사용 활주로의 방향을 바꾸기도 해요. 사용 활주로를 결정하는 것은 관제탑 관제사가 혼자 결정할 사안이 아니에요. 접근관제소 관제사와 반드시 협의 후 결정하게 되어있는데요. 이·착륙 방향이

정반대로 바뀌려면 착륙하기 위해 줄을 서게 될 항공기의 흐름도 바뀌어야 하기 때문이에요. 일반적으로 풍향, 풍속은 서서히 돌아서 항공기들을 돌리는데 큰 문제가 없지만, 가끔 악기상을 동반해서 급변할 때는 어려움이 따라요. 항공기 기종에 따라 배풍(뒷바람), 측풍에 따른 운영한계치가 있거든요. 또 활주로 상태에 따라 정해진 기준도 있고요. 그런데 풍향과 풍속이 갑자기 변해 급박하게 활주로를 변경하게 되는 경우 수많은 항공기를 돌려야 해서 어려움을 겪기도 합니다.

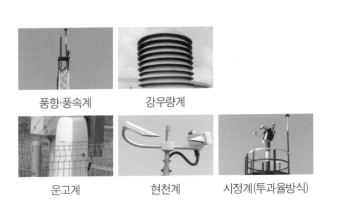

풍향·풍속계   강우량계

운고계   현천계   시정계(투과율방식)

인천공항기상레이더(TDWR)

편 바람의 속도와 방향이 항공기 이·착륙에 큰 영향을 미치는군요. 그럼 태풍이 올 때는 어떻게 대처하나요?

임 바람 중에 가장 큰 바람은 모두가 알다시피 태풍이죠. 태풍은 항공기 운항 자체에도 영향을 미칠 뿐만 아니라, 공항시설에 큰 피해를 입힐 수 있어요. 그래서 태풍 관련 예보가 나오면 사전에 공항 내에 있는 각 시설별로 사전 대비를 하느라 분주합니다. 인천공항의 경우 실제로 태풍이 오더라도 관제탑 운영이 중단되지는 않아요. 강풍으로 인해 관제탑이 많이 흔들리더라도 견디고 업무를 수행하죠. 인천공항의 관제탑 건물 운영한계치는 평균풍속 120노트(61.73m/s), 순간최대풍속 180노트(92.6m/s)로 건물을 붕괴시킬 수 있는 초강력 태풍(54m/s~)이 오더라도 견딜 수 있게 설계되어 있습니다. 참고로 지진의 경우 6.5리히터까지 견딜 수 있도록 내진 설계도 되어있어서 정말 큰 재난 상황이 일어나지 않는 한 관제탑 업무가 멈추는 날은 없다고 봐야죠.

편 바람의 종류도 여러 가지인데, 위험한 바람도 있을까요?

임 바람 중에 급변풍이라고 날씨 예보에서 들어보셨을 것 같은데, 예전에는 윈드시어wind shear라고 불렀는데 기상법 시행령 개정에 따라 명칭이 변경되었어요. 이 급변풍은 바람의 방향이나 세기가 갑자기 바뀌는 현상으로 일정 구역 안에서 바람의 상대적인 방향과 속도 차이로 발생하게 됩니다. 항공기 이·착륙시 급변풍은 매우 위험해요. 특히 마이크로버스트(MICROBURST)가 발생하면 항공사고를 일으킬 수 있어요. 마이크로버스트는 적란운의 운저에서 시작한 바람이 지표에 부딪혀 일어나는 돌풍으로 극히 국지적이고 이동이 심하며 강수 여부와 상관없이 발생해요. 바람이 많이 부는 날이면 활주로 주변의 기상탐지 센서에서 관측된 급변풍/마이크로버스트 알람LLWAS*이 관제실을 종일 울리곤 하는데요. 급변풍 알람이 울리면 국지관제사는 즉시 이·착륙 중인 항공기에게 급변풍 정보를 전달하게 됩니다. 급변풍과 같은 악기상 시 관제사가 하는 일은 이·착륙 중인 항공기에게 관련 기상정보를 최대한 제공하고, 모니터링을 해요. 이렇게 항공기의 기동을 모니터링 하면서 상황을 지켜보다가 착륙 포기 후 복행(활주로 재접근)을 하게 되면 그에 맞는 조치를 취해야 합니다.

---

* LLWAS(Low Level Windshear Alert System) 항공기상서비스를 위한 정보를 실시간으로 수집 · 분석 · 가공,표출,분배 및 제공업무를 통합적으로 관리하는 시스템으로 실시간 안정적인 정보제공을 위하여 전산 · 통신장비는 이중화로 운영되고 있어요.

가장 힘들게 하는 날씨는 무엇인가요?

편 관제 업무가 날씨의 영향을 많이 받는군요. 그러면 여러 날씨 중에서 가장 힘들게 느껴지는 날씨는 무엇인가요?

유 저는 장마철이 제일 힘들어요. 평소에는 어프로치 공역을 다 사용할 수 있지만 장마철에 구름이 많으면 일단 사용할 수 있는 공역에 제한이 생기죠. 조종사들이 구름을 피하기 위해 요청하는 게 다 달라요. 구름을 피할 때는 정상적인 항로에서 벗어나야 하는데 관제사는 그 공간을 만들어야 하잖아요. 보통은 조종사가 요청한 루트를 들어줘야 해요. 조종사들이 비행하고 있는 곳의 실제 날씨 상황에 대해서 잘 알기 때문이에요. 또 시야 확보에 문제가 생길 정도로 비가 많이 내리면 저시정 절차를 운영해야 할 수도 있어요. 기상상황이 나빠져 저시정 상황까지 겹치면 항공기들의 체공 시간이 길어져요. 항공기는 밀려오고 공역은 제한적이고 착륙은 지연되는 상황이 생기는 거죠.

편 저시정 절차는 무엇인가요?

임 지상에 안개가 많이 끼거나, 항공기의 착륙 직전 단계에

낮은 구름층이 형성되면 공항에서는 '저시정 절차'를 운영해요. 저시정 운영 절차를 개시하게 되면 공중에서 활주로가 조종사의 육안으로 보이지 않아도 항공기가 적정한 고도강하를 이루며 활주로로 잘 정대하여 착륙 할 수 있도록 도와주는 지상의 계기착륙장치인 ILS(INSTRUMENT LANDING SYSTEM)의 전파 보호를 하게 되며, 지상에서 이동하는 차량의 이동을 최소화함으로써 지상 이동 중인 항공기와의 충돌을 방지하죠. 특히 ILS의 전파를 보호하기 위해서는 활주로 주변에 차량 이동을 금지해야 하고, 입항 항공기 간의 분리간격을 평소보다 늘려서 항공기 이동으로 인한 전파 방해를 방지해야 돼요. 이러한 절차 운영에 대한 개시 및 종료를 관제탑 관제사가 관련 규정에 따라 기상변화 상황을 보고 결정하게 돼요.

특히 장마철에 항공기가 비행 중 피해야 할 구름이 적란운인데요. 적란운은 많은 양의 수증기가 강력한 상승기류에 의해 수직으로 쌓이며 발달한 비구름으로 강수, 천둥, 번개, 우박 등을 동반해요. 항공기 조종사는 항공기에 탑재되어 있는 기상레이더를 이용하여 적란운을 피하기 위해 항로 이탈을 요청하죠. 이러한 적란운이 공항 주변에 있다면 이·착륙을 잠시 중단하기도 하고, 이륙 후 회피기동을 요청하기도 해요. 또한, 천둥 번개 경보가 발령되고 실제로 관측이 되면 지상에서 항공기 운항을 위한 조업이 일제히 중단되는 일도 있어요. 지상 조업 중 낙뢰로 감전되는 사례가 실제로 있었어요. 그래서 현재는 이를 예방하고자 조업을 중단하죠. 그렇게 되면 이동이 중단된 항공기와 이동 중인 항공기가 혼재하므로, 항공기 조종사들도 그렇지만 관제사들도 정신을 바짝 차려야해요.

계기착륙시설 ILS(LLZ+GP+MARKER)

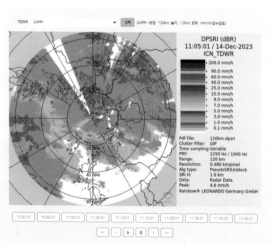

인천공항 기상레이더

비행방식 Flight Rule

[계기비행] 계기비행규칙(IFR)에 따른 비행으로서 항공기의 자세·고도·위치 및 비행 방향의 측정을 항공기에 장치된 계기에만 의존하여 비행하는 방식

[시계비행] 시계비행규칙(VFR)에 따른 비행으로 항공기의 위치, 비행방향 등은 지형 지물 등 목측으로 관측하여 비행하는 방식

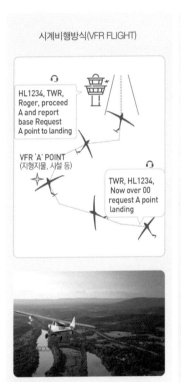

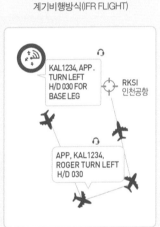

출처 - 국토교통부 항공교통본부

겨울철 폭설이 내릴 때는 어떤 일이 발생하나요?

㉠ 인천공항에 눈이 많이 내려 이·착륙이 얼마 동안 중단되어 연착되었다는 뉴스도 들려요. 그런 날씨에는 어떻게 대응하나요?

㉡ 관제탑 관제사들은 겨울철 강설 예보에 가장 많이 긴장해요. 눈이 오는 날에는 관제탑 관제사들은 눈코 뜰 새 없이 바쁘죠. 눈이 어느 정도 내려 쌓이게 되면 점검 차량이 활주로에 들어가 활주로 상태를 점검하도록 항공기 이동을 통제해야 하고, 점검 결과에 따라 활주로 제설작업을 하기 위해서 활주로 운영을 어떻게 할 것인지 결정을 내려야 해요. 또한, 활주로 제설작업이 끝나면 활주로를 사용할 수 있는 수준의 상태인지 점검 차량이 들어가 활주로 상태 점검을 실시해야 하죠. 인천공항의 경우 꽤 많은 제설 장비를 갖추고 있는데요. 공항의 제설 차량은 일반차량에 비해 크다는 특징이 있죠. 제설할 때는 다수의 차량이 몇 개의 팀으로 나눠 구역별로 동시에 제설해요. 여러 팀의 제설 차량을 항공기 이동에 지장이 없게 동시에 진행하려면 지상관제사는 항공기와 무선 교신을 하면서 지상에서 구역별로 작업 중인 여러 제설팀과 교신을 하는, 무척 바

쁘고 긴장이 많이 되는 상황이 됩니다. 매년 동절기가 되기 전이면 실전에서 안전하고 신속한 제설을 해내기 위해 사전 제설 훈련을 실시해요. 제설 차량들이 활주로 및 유도로의 지형에 익숙해지도록 다니면서 제설 구간을 확인하고 제설 시 대형을 맞춰보는 훈련이에요.

　또한, 항공기 날개에도 눈이 쌓이게 되면 착빙이 될 수 있어요. 착빙이란 물체의 표면에 얼음이 달라붙거나 덮여지는 현상들을 말하는데, 항공기 날개에 착빙이 발생하면 날개 표면이 울퉁불퉁해져 공기 흐름이 원활하지 않게 되어요. 이는 불안전한 비행 또는 추락까지 발생시킬 수 있으므로 이륙하기 전에 제빙, 방빙 작업을 해야만 해요. 그래서 이륙 준비를 위한 시간이 더 많이 소요되죠. 항공기의 제빙, 방빙 작업은 약품 폐수처리시설이 갖춰진 지정 주기장에서만 가능한데, 제빙 주기장의 수가 많지 않아서 항공기들의 대기시간이 길어지는 거죠. 문제는 정말 폭설이 오랜 시간 내리는 경우예요. 폭설이 내리면 활주로, 유도로 할 것 없이 모두 미끄러운 상황이 되고, 눈이 더 쌓이게 되면 활주로 및 유도로 중심선이 보이지 않아요. 항공기가 이동할 도로를 식별하기 어려운 문제가 생기는 거죠. 또한, 폭설로 시야가 좋지 않아 제설 차량 간의 안전거리 확보도 어려워 제설을 중단하는 상황이 생기기도 합니다.

인천공항은 야간에 심야 통제시간이 없이 24시간 운영되기 때문에 아무리 폭설이 내리더라도 이·착륙할 수 있는 활주로 여건만 된다면 지연은 되나, 항공기의 운항은 그대로 유지돼요. 항공기 운항 지연을 최소화하기 위해 폭설과 한파에 대비해 제설 종합훈련도 실시하고 있답니다.

제설차량

항공기에 문제가 발생하면 어떻게 대처하나요?

㉠ 항공기에 문제가 생기면 어떻게 대처하나요?

㉦ 항공기 기체결함으로 비상선언(MAYDAY)이나 준 비상선
언(PAN PAN)을 하는 항공기들이 종종 있어요. 비상 항공기가
있으면 우선권을 부여하고 조종사의 요청에 맞게 최대한 모든
협조를 다 해서 관제업무를 제공해요. 예를 들어 조류 충돌로
인해 엔진이 고장났거나 엔진에 화재가 발생한 경우, 통신 고
장이나 착륙장치, 여압장치, 유압장치 등이 고장난 경우를 비
상 또는 비정상항공기로 분류해요. 이때 비상 항공기가 착륙
할 공항에 소방차와 구급차를 대기하는 등 비상절차에 맞게
모든 비상지원 장비를 준비시키죠. 기내에서 위급한 환자가
발생해 의료 비상선언을 하는 항공기들도 있어요. 이럴 때도
다른 항공기들에게 의료비상 항공기가 있다는 것을 알리고 착
륙순서를 변경하여 우선권을 부여하고 가능한 빨리 착륙할 수
있도록 도와주고 지상에는 의료비상지원을 준비해 놓아요. 이
렇게 항공기의 기계적인 결함이 발생했을 때나 기내에 환자가
발생하는 비상이 생겼을 경우에는 우선적으로 게이트에 가까
운 활주로를 배정해 주는 등의 배려를 하죠.

편 실제로 이런 문제로 사고가 난 적이 있나요?

임 인천공항은 섬이라는 특수성 때문에 낮은 구름이 잘 형성되고 안개가 자주 끼는 편이라 쉬운 공항은 아니에요. 하지만 장비와 시설이 좋아서 꽤 안전한 공항에 속해요. 인천공항에서는 예전에 화물 항공기가 이륙하다가 랜딩기어 파손으로 활주로를 벗어난 사고 말고는 공항에서의 큰 사고는 없었어요. 정상적인 운항이 어려운 비상/비정상 상황들은 빈번하게 있어 왔지만, 다행히 큰 문제없이 착륙을 해서 사고가 없었어요. 계류장 내에서 항공기끼리 날개를 부딪히는 등 경미한 사고가 일어나는 경우가 있지만요.

편 항공 사고로 이어질 수 있는 일들이 일어나는군요. 또 다른 위험한 순간이 있다면요?

유 항공 용어로 공중충돌방지 회피기동이라는 게 있어요. 항공기끼리 공중에서 충돌할 것에 대비해 ICAO에서는 5,700kg 이상 또는 객석수 19석 이상의 모든 항공기에 공중충돌경고장치를 장착하도록 의무화하고 있는데요. ICAO에서는 이 장치를 ACASAirborne Collision Avoidance System라고 하고, 미연방항공청(FAA)에서는 TCASTraffic Collision Avoidance System라고 해요. 공중충돌경고장치는 비행 중인 항공기 간 공중충돌을 방지하기 위해 지상 항공관제시스템과는 독립적으로 항공기의 주위를 트랜스폰더를 통해 감시하여 알려주는 충돌방지 시스템이에요. 이 장치의 경고는 두 가지 형태가 있어요. 하나는 TATraffic Advisories로 조종사가 침입항공기가 있음을 인지하고 육안으로 식별할 수 있도록 도와주며, 이후에 RA 발생에 대비하라는 경고이고, 또 하나는 RAResolution Advisories, 즉 침입항공기를 회피하기 위해 조종사로 하여금 항공기를 기동하도록 하는 경고예요. RA(회피지시)는 침입기가 20~30초 이내에 충돌구역 내로 진입이 예상되는 상황에서 발생하고 음성 경보가 방송돼요. 이때 조종사는 TCAS가 권고하는 지시대로 회피기동을 실시해야 해요. 공중충돌방지 회피기동이 시작되면 관제사는 그 기동이 종료될 때까지 추가적인 관제지시를 해서는 안 되고 기동이 종료됐다고 조종사가 보고하면 그때 정상적인 관제지시를 할 수 있어요.

⑩ 굉장히 위험한 상황인데 실제로 이런 상황이 발생했던 적이 있나요?

㉠ 제가 김포공항 도착관제석에서 근무할 때 일이에요. 서울접근관제구역 내에 비구름대가 많아 입·출항 항공기들이 비구름대를 회피하면서 비행하느라 공역이 엄청 복잡한 상황이었어요. 저는 비행로가 중첩되는 출발석 관제사와 고도 분리

를 통해 항공기 간의 간격을 조정하고 분리하기로 협의가 되어 있었죠. 그런데 출발석 관제사가 관제하고 있던 한 항공기가 협의된 고도를 넘어서 계속 상승하며 제가 관제하고 있던 항공기와 충돌할 위기에 처하게 되자 TCAS RA 기동을 했어요. 출발석 관제사가 관제하고 있던 항공기 중에 유사한 편명을 가지고 있던 항공기들이 있었는데 비슷한 편명의 조종사가 다른 항공기한테 상승 지시한 것을 오인하고 상승하면서 이런 상황이 발생하게 되었던 거예요. 앞에서도 말했듯이 회피기동을 할 때 관제사는 아무것도 할 수 없어요. 회피기동을 하는 동안 레이더 화면만 보고 있어야 해요. 항공기들의 항적이 겹치면서 충돌할 것처럼 보이는데도 아무것도 안 하고 지켜보고만 있는데, 정말 힘들더라고요. 이 상황을 막기 위해 뭔가를 해야 할 것만 같은 마음은 굴뚝같은데 절대로, 절대로 어떤 관제지시도 해서는 안 되거든요. 충돌이 예상되는 항공기의 시스템끼리 서로 신호를 보내면서 어느 항공기는 빨리 내려가고 어느 항공기는 빨리 올라가라는 지시를 해요. 그때 조종사는 ACAS/TCAS 장비에서 안내하는 회피신호에 따라 기동해야만 하니까요.

편 듣기만 해도 아찔한 상황이었습니다.

이 직업을 잘 묘사한 영화나 드라마가 있을까요?

㉠ 이 직업을 잘 드러낸 영화나 드라마가 있을까요?

㉦ 항공교통관제사라는 직업을 가장 잘 그려낸 작품은 일본 드라마 〈도쿄 컨트롤〉(2011년)이에요. '도쿄 항공교통 관제부'라는 부제목에서도 알 수 있듯이 관제사를 중심으로 공항과 항공기 비행 사이에 발생하는 다양한 사건과 사고들이 펼쳐지죠. 도쿄 하네다국제공항을 배경으로 연간 수천만 명이 이용하는 항공기의 안전한 비행을 위해 노력하는 관제사의 업무를 잘 이해할 수 있는 드라마예요. 또한 관제사 외에 고객의 안전을 지키는 항공 관련 업무를 하는 사람들의 노력도 알 수 있어요. 〈2시 22분〉(2017년)이라는 영화도 있어요. 주인공 딜런의 직업이 관제사예요. 복잡한 패턴을 볼 수 있는 능력으로 복잡한 관제 일을 수월하게 하는 사람이죠. 이 영화는 스릴러로 관제사라는 직업과 관련한 일이 중심이 아니고 주인공을 소개하는 정도에 그치지만 관제사가 하는 일의 중요성을 알 수 있어서 추천해요.

㉧ 관제사라는 직업을 알고 나면 항공 분야와 관련된 콘텐츠를 볼 때 좀 더 흥미로운 것을 발견할 수 있을 거예요. 영화나

드라마에 조종사가 항공기를 조종하는 장면이 나오면 반드시 관제사와 교신하는 내용도 있거든요. 그동안 지나쳤던 장면이 새롭게 보일 거예요. 최근 영화 〈탑건: 매버릭〉(2022년)도 있고, 예전 드라마지만 인천국제공항을 배경으로 항공 관련 종사자들이 등장하는 〈에어시티〉(2007년)도 있죠. 이외에도 요즘엔 유튜브에 관제사와 관련한 콘텐츠들이 많이 있어요. 조종사와 통신하는 내용을 비롯해 관제 업무를 잘 알 수 있으니 관심있게 찾아보면 좋을 것 같아요.

이 직업과 관련한 습관이나 직업병이 있나요?

(편) 이 직업과 관련한 습관이나 고충이 있나요?

(임) 저는 일하는 날이 아니어도 습관적으로 날씨를 자주 체크해요. 날씨가 안 좋으면 걱정을 많이 하는 것 같아요. 솔직히 걱정한다고 달라지는 건 없는데 말이죠. 계절별로 악기상(惡氣象)이 많다 보니 계절별 일어날 수 있는 날씨에 대해 자주 체크하는 거예요. 봄가을에는 안개가 많이 낄지, 여름에는 장마철 악기상이나 게릴라성 폭우나 천둥 번개는 없는지, 그리고 태풍은 안 올지, 겨울에는 폭설은 안 내릴지 끊임없이 체크해요. 항공기 운항은 날씨의 영향을 많이 받아요. 악기상일 때는 평소보다 비정상 상황이 발생할 여지가 많고, 업무량이 늘어나기 때문에 기상 정보에 늘 주의를 기울이고 있죠. 심지어 쉬는 날인데도 폭설이 내리면 '아 오늘 근무는 너무 힘들겠다. 별일 없어야 할텐데...'하며 걱정해요.

(유) 저희가 경력이 쌓여서 팀장급이다 보니 주로 감독석에서 업무를 해요. 처음 근무할 때만 해도 별로 날씨에 관심도 없고 영향도 안 받았어요. 그냥 가서 일하면 되지 이런 마음이었죠. 그런데 지금 책임있는 자리에 앉아있으니까 매일 날씨를 체크

해요. 오늘 날씨가 이래서 좀 걱정이다, 별일 없이 지나가야할 텐데, 이런 마음이 저절로 생겼죠.

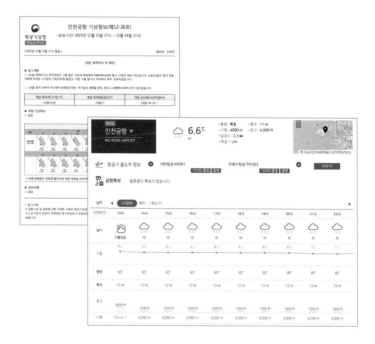

편 관제 업무는 공항에 질서를 부여하는 것 같아요. 그래서 부담스러운 마음도 있을 것 같은데 어떠세요?

임 관제를 하면 심적으로 부담을 많이 갖게 돼요. 조종을 잘 못하면 한 대의 항공기만 문제가 생기지만, 관제를 잘못하면 여러 대의 항공기에 영향을 미치기 때문이에요. 그래서 정신적 스트레스가 큰 편이에요. 긴장을 많이 하고 신경을 곤두세우다 보니 사람에 따라 두통, 소화불량, 역류성 식도염, 스트레스성 장염 등의 증상이 나타나기도 하고 면역력이 저하되어 감기 같은 질병에 잘 걸리기도 해요. 또 교대근무의 특성상 불규칙한 수면으로 불면증 등 수면장애를 겪기도 해요.

㉠ 일할 때의 습관이 일상에서 나타날 때도 있나요?

㉤ 교신할 때는 표준관제용어(STANDARD PHRASEOLOGY)를 사용해요. 무선통신매뉴얼에 따라 알파벳이나 숫자를 읽는 방법이 정해져 있어요. 관제용어로 알파벳과 숫자를 말하는 게 습관이 되어서 일상생활에서도 무심코 관제하듯이 말할 때가 있어요. 전자제품이 고장나서 A/S 센터에 전화를 걸면 모델명을 말하라고 하잖아요. 그때 ABC123이라고 읽어야 하는데 알파브라보찰리123이라고 말할 때가 있어요. 그러면 말하는 저나 듣는 상담원이나 모두 당황하기도 하죠. 요즘엔 인터넷으로 신청해서 그런 실수는 좀 줄었지만요.

㉦ 사람들과 대화할 때도 길게 말하지 않고 할 말만 간단히 하는 습관이 있어요. 그래서 사람들이 제가 말하면 친절하지 않다거나 지시한다고 오해하기도 해요. 저희가 하는 일이 짧은 시간 안에 핵심만 정확하게 전달하는 거잖아요. 길게 설명

하고 이해를 구하는 일이 거의 없어요. 그렇다 보니 일상생활
에서도 할 말만 간단히 하게 되더라구요.

스트레스 해소는 어떻게 하나요?

㉠ 업무할 때는 고도로 집중하는 일이라 스트레스가 꽤 있을 것 같아요. 그럴 때는 어떻게 해소하나요?

㉤ 관제업무가 스트레스가 없을 수는 없어요. 항상 실수하지 않도록 긴장하는 일이니까요. 최근에는 관제업무를 하다가 정신적인 스트레스 증상을 보이거나 약간의 공황장애 같은 증상을 호소하는 관제사들도 있어요. 그래서 스트레스 관리가 중요한 것 같아요. 다행히 저는 이 일을 좋아하고 제 적성에도 잘 맞아서 심하게 스트레스를 받지는 않아요. 그래도 아예 없지는 않죠. 스트레스를 잘 관리하지 않으면 업무에 지장이 있기도 하고요. 스트레스 해소를 위해 저는 좋아하는 음악을 듣거나 아이돌 영상을 찾아서 봐요. 이렇게 약간의 힐링 타임을 가지면 훨씬 마음이 가벼워지고 좋아요. 요즘엔 등산을 시작했어요. 커피 한 잔 들고서 음악을 들으며 동네에 있는 조그만 뒷산에 올라가면 그게 힐링 타임이 되더라고요.

㉥ 야간근무 후 지쳐서 돌아오면 낮에 잠을 자요. 그런데 낮에 잠을 많이 자면 밤에 잠을 잘 못 들어서 오히려 힘들더라고요. 그래서 저는 낮에는 최대한 조금 자고 밤에 일찍 자려고

노력해요. 정해진 시간에 자고 일어나는 규칙적인 생활을 유지하는 게 피로 회복에 도움이 되는 것 같아요. 그리고 시간이 나면 반려견과 같이 집 주변을 산책하거나, 음악을 들으며 가벼운 운동을 해요. 복잡한 머리를 비우고 몸을 움직이면 머리가 맑아지는 것 같아요.

관제사와 조종사는 어떤 관계인가요?

(편) 관제사는 조종사와 교신하는 일이 업무에서 차지하는 비중이 높은데요. 관제사와 조종사는 어떤 관계인가요?

(유) 서로 협조하는 관계가 아닐까 생각해요. 비구름을 피해 항로를 바꿔야 할 때 관제사가 어느 방향으로 가라고 제시하기도 하지만 조종사가 그쪽은 어렵고 다른 방향으로 가겠다고 요청할 때가 있어요. 조종사마다 경험이 다르고 선호하는 조종 방식이 있어서 그런 것 같아요. 조종사가 제시한 방향에 항공기가 밀집해 있지 않으면 대부분 조종사의 요청을 수용해요. 기본적으로 저희는 정보를 제공하는 입장이고 결정은 기장의 판단에 맡기죠. 그런데 인천공항이나 김포공항은 휴전선에 가까워서 비행금지구역이 있어요. 서울에서도 보안상 중요한 곳은 비행금지구역으로 지정되어 있고요. 만약 조종사가 요청하는 방향이 비행금지구역이라면 안전 문제가 있어서 안된다고 얘기하죠.

이 일을 하면서 실수한 적이 있나요?

편) 이 일을 하면서 실수한 적이 있다면 말씀해 주세요.

유) 제가 큰 실수를 한 적이 있어요. 서울접근관제소의 레이더 개량으로 2017년 2월부터 새로운 레이더로 근무하게 되었어요. 그 시점에 저는 둘째 아이가 아파서 2개월 정도 육아휴직을 했어요. 휴직이 끝나고 복직한 후에 새로운 레이더에서 근무하게 되었고 얼마 후 2017년 5월에 분기별 위기대응훈련을 했죠. 주 레이더가 고장나서 꺼졌을 때 백업 레이더로 전환해서 근무하는 훈련이었어요. 훈련이니까 실제로 비상전환 버튼을 누르면 안 되고 비상모드로 전환하기 위해 이 전환 버튼을 누르면 된다는 것만 알고 있으면 되는 거였어요. 그런데 저는 새 레이더 시스템을 완벽하게 숙지하지 못한 상태에서 레이더 전환 버튼을 눌렀어요. 그랬더니 관제 업무를 하는 레이더가 멈추고 비상용 모드로 바뀌어버린 거예요. 그러니까 레이더에 있던 항공기 타겟들의 정보가 일부 사라졌어요. 저희 레이더 시스템은 서울접근관제소뿐만 아니라 인천/김포 관제탑과도 연계되어 있는 시스템이라 인천/김포 관제탑도 실제로 비행계획서가 없어지는 문제가 발생했죠. 비상 모드를 실행할 때는 미리 비행계획서를 백업하는 절차를 거쳐서 레이더가 고장났더라도 업무가 중단되는 일 없이 유지될 수 있게끔 되어야 하거든요. 그런데 그런 절차 없이 전환 버튼을 눌러서 한순간에 보이던 정보가 안 보이게 되니까 난리가 났어요. 훈련하다가 제가 전환 버튼을 눌렀다는 걸 몰랐던 사람들은 정말로 레이더가 고장난 줄 알고 대혼란에 빠졌죠. 실제 관제 업무를 하던 관제사들이 잘 대처해서 큰 문제는 발생하지 않았고, 결론적으로는 시스템을 개선하는 계기가 되었어요. 훈련을 통해 이론적으로는 이렇게 전환된다는 걸 알고 있었지만 실제 실행해 보니 다른 데 영향을 미쳐서 오류가 발생한다는 걸 알게 되었으니까요. 저의 실수를 계기로 레이더 시스템 고장 시 백업으로 전환할 때 주의해야 할 점, 백업 전환 후 예상하지 못했던 문제점들을 발견해서 구체적으로 레이더 전환 절차를 마련하게 되었답니다. 하지만 지금도 그때를 생각하면 정말 아찔해요.

항공교통관제사는 어떤 매력이 있는 직업인가요?

㉠ 항공교통관제사는 어떤 매력이 있는 직업인가요?

㉢ 저의 관제 업무는 항공기의 이·착륙 시간을 딱 정해주는 거예요. 하나의 활주로에는 한 대의 항공기만 이륙하거나 착륙할 수 있어요. 이륙하려고 하는 항공기 수십 대는 지상에서 대기하고 있고 착륙하려는 항공기도 공중에 수십 대가 있어요. 관제사가 없다면 누가 먼저 이륙하고 착륙할지 정할 수 있을까요? 이때 순서를 딱 정해주는 사람이 관제사예요. 공항에 접근하는 항공기 마음대로 착륙을 한다거나, 활주로에 빨리 닿는 항공기의 순서대로 이륙을 자발적으로 하라고 한다면 공항 주변은 대혼란에 빠질 거예요. 물론, 대형사고도 날 수 있어요. 그래서 관제사가 한 대씩 한 대씩 순서를 정해 놓아야 예상치 못한 상황이 생겨서 일이 꼬이더라도 잘 풀어서 정리할 수 있어요. 그 큰 항공기들이 사고 없이 타다닥 제자리를 찾고 순서대로 이·착륙하면 제가 잘 컨트롤했다는 생각에 기분이 좋아요.

㉤ 저는 관제사가 전국적으로 그 수가 많지 않은 특수한 직업이라는 게 매력적이라고 생각해요. 항공교통의 안전을 책임

지는 직업이라는 자부심도 크고요. 또 퇴근하는 순간 업무가 끝난다는 것도 하나의 매력인 것 같아요. 업무를 집으로 가져가서 고민할 필요가 없어요. 장기적으로 해결해야 할 과제도 없고요. 자리에서 일어나는 순간 홀가분하게 퇴근할 수 있다는 게 다른 직업과는 다른 장점인 것 같아요.

출처 - 국토교통부 항공교통본부

보람을 느끼는 순간은 언제인가요?

㉠ 이 일의 보람은 무엇인가요?

㉦ 저는 관제 업무를 할 때 육감이 중요하다고 생각해요. 관할이 다른 어떤 항공기가 올라오고 있는데 제가 관제하는 항공기에 영향을 미칠 것 같다는 생각이 들 때가 있어요. 그러면 관심을 가지고 관제 화면을 유심히 봐요. 그 항공기가 살짝만 벗어나도 다른 항공기들의 비행에 영향을 미치는 일이 발생하니까 지켜보고 있다가 빨리 대처하는 거죠. 그래서 제 별명이 이글아이(Eagle Eye)예요. 제가 그런 감각이 좀 더 발달해서인지 다른 사람들보다 빨리 발견해서 문제가 커지기 전에 해결했을 때 뿌듯하죠.

레이더를 보고 있으면 여러 방향에서 동시다발적으로 많은 항공기들이 착륙하기 위해 하나의 공항으로 몰려오는 게 보여요. 그럴 때 관제사는 고도의 집중력을 발휘해 조종사와 환상적인 호흡으로 교신하며 항공기들을 일정한 간격을 두고 한 줄로 쭉 세우죠. 그리고 한 대씩 착착 공항에 착륙하는 걸 레이더 화면으로 보고 있으면 저 자신뿐 아니라 같이 일하는 동료 관제사와 관제지시를 잘 따라주는 조종사들 모두가 자랑스럽다는 생각이 들어요. 특별한 일을 해결했을 때가 아니라 열심히 일하고 아무 일 없이 퇴근할 때 보람을 많이 느끼죠.

㊐ 관제사가 하는 일 중에 조종사들에게 필요한 정보를 제공하는 것도 중요해요. 항공기 조종석에서 볼 수 있는 시야가 제한적이어서 관제사는 항공기 주변에서 일어나고 있는 일들을 제때 전해주어야 해요. 예를 들어 공항 주변을 감시하는 중에 조류 이동이 확인되었어요. 그러면 이륙 중인 항공기의 조종사에게 지금 어느 고도의 어느 방향에서 조류가 이동하고 있다는 정보를 알려 주죠. 그 정보를 들은 조종사가 고맙다고 인사하면 '내가 도움이 되었구나' 싶어서 보람을 느껴요. 조종사들과 관제 교신을 많이 하다 보니 조종사들로부터 감사하다는 인사도 받고 상황에 따라서는 감사 편지를 받을 때도 있어요. 그럼 무척 뿌듯하죠.

㊌ 해마다 11월 셋째 주 목요일에 시행되는 대학수학능력시험 듣기평가 시간에는 항공기 통제가 있어요. 그날은 영어 듣기평가 시간 전·후 5분을 포함해 35분간 전국의 항공기 이·착륙이 전면 금지돼요. 이 시간에 비행하는 항공기는 고도 3KM(10,000FT)를 초과하는 고도에서만 비행할 수 있고요. 2분에 한 대씩 이·착륙하는 항공기들이 35분간이나 이·착륙을 할 수 없으니까 공중에서 많은 항공기가 소음통제 시간이 끝

나기만을 기다리죠. 11,000FT에서부터 1,000FT 간격으로 항
공기들을 쌓으면서 체공을 시키다가 소음통제 해제 시간에 맞
춰 항공기들을 줄을 세워 이·착륙하게 만드는 과정이 쉽지는
않아요. 그래도 1년에 한 번 치르는 국가적인 시험에 큰 도움
을 주는 역할을 했다고 생각하면 보람되고 뿌듯하죠.

2012년 8월에 발생한 태풍 볼라벤 때 대한항공으로부터
감사패를 받은 적이 있어요. 개인적으로 받은 게 아니라 서울
지방항공청 관제사 전체를 대상으로 했던 감사패인데요. 인천
국제공항의 이·착륙 제한 및 주변 공역의 극심한 혼잡 상황에
도 불구하고 투철한 사명감과 책임감으로 탁월한 역량을 발휘
해서 항공기의 안전 운항에 기여한 공로에 감사의 마음을 전
하는 감사패였어요.

이 일의 어려운 점은 무엇인가요?

㉠ 이 일의 어려운 점은 무엇인가요?

㉤ 이 일의 어려운 점은 언제라도 돌발상황이 생길 수 있다는 거예요. 항공기에 갑자기 이상이 생겨 정상적인 운항이 어려워지는 일이 생기기도 하고, 날씨가 좋다가 갑자기 나빠지는 일이 생기는 등 예상치 못한 변수가 많아요. 그런 상황들이 발생하면 빠른 시간 안에 처리해야 한다는 게 가장 어려운 점이죠. 그래서 관제사는 이런 상황에 대비해 사전 훈련을 많이 해요. 어떤 상황이 닥치더라도 당황하지 않고 문제를 해결하는 훈련이 꼭 필요한 것 같아요.

㉦ 관제 업무는 하나하나가 항공 안전과 직결되어 있어요. 업무를 할 때 큰 실수는 용납될 수가 없다는 게 가장 큰 어려움인 것 같아요. 또한 관제 업무를 할 때 관제사는 개인이 아니라 서울접근관제소라는 시설을 대표해요. 그래서 책임감이 있는 자세로 업무에 임해야 한다는 것도 어려움이라고 할 수 있겠네요. 그리고 관제사로서 단독임무를 수행하는 과정이 좀 어려운 것 같아요. 관제사로 혼자 업무를 맡아서 하려면 한정자격증을 취득해야 하는데요. 이 자격증을 취득하기까지의 훈

런과정이 쉽지는 않아요. 하지만 한정자격증을 취득해 단독으로 관제 업무를 수행하면 성취감도 있고 보람도 꽤 커요. 경력이 쌓일수록 점점 전문가가 되어간다는 뿌듯함도 있고요.

항공교통관제사는 미래에도 필요한 직업일까요?

(편) 항공교통관제사는 미래에도 필요한 직업일까요?

(유) 지구는 지금 항공기를 이용해 가지 못할 곳이 없을 만큼 세계화가 진행되었어요. 운송 산업도 계속 발전하고 있고요. 또 경제가 성장하고 여가 활동이 늘어나면서 해외 여행객과 항공 물류도 꾸준히 증가하고 있어서 앞으로도 항공의 수요는 많을 거예요. 항공 산업이 발전하면 항공교통관제사의 수요도 자연히 늘어날 수밖에 없다고 생각해요. 그리고 우리나라는 2025년 친환경, 저소음 3차원 교통수단인 도심항공교통(UAM: Urbal Air Mobility) 상용 서비스 개시를 목표로 하고 있기 때문에 항공교통관제사에 대한 수요는 지금과 비슷하거나 다소 늘어날 것으로 전망하고 있어요. 물론 코로나19 같은 팬데믹이 다시 오게 되면 일시적으로 항공 수요가 감소할 수는 있겠지만 멀리 보면 증가할 수밖에 없을 것 같아요.

(임) 요즘 많은 분야에서 인력을 AI로 대체하고 있어요. 그래서 AI가 관제사를 대체할 수 있을까를 생각해 본다면 먼저 AI를 어디까지 활용할 수 있을지 생각해 봐야 할 것 같아요. 지금도 관제에 도움을 주는 시스템이 많이 개발되어 20년 전보다

는 한결 일이 수월해지긴 했지만, 기계이다 보니 오류가 종종 발생해서 오히려 관제하는데 에러를 유발하는 면도 없지 않아요. 관제업무는 항공의 안전과 직결되어 있어요. 날씨의 변수에 따라 영향을 많이 받고 또 항공기가 많아질수록 비정상 상황이 발생할 가능성이 높아요. 그럴 때 과연 AI가 관제사처럼 신속하고 정확하게 판단해서 문제를 해결할 수 있을까요? 그런 면에서 저는 현재 기술 수준으로는 AI가 관제사의 업무를 대신하기 어렵다고 생각해요.

다른 분야로 진출할 수 있나요?

㉠ 다른 분야로 진출할 수 있나요?

㉠ 이 일과 관련이 없는 분야로 진출하는 사람들은 거의 없는 것 같아요. 대부분 관제사로 정년 퇴임을 하거든요. 퇴임 후에는 학교로 진출하는 분들이 많아요. 항공대나 한서대에 있는 관제교육원이나 항공기술훈련원에서 교수가 되어 학생들을 가르치죠. 비행장이 있는 민간 시설에서 관제 업무를 이어가는 분들도 있고요. 또 시뮬레이터를 개발하는 민간 업체에서도 관제사를 모집해요. 본인의 의지가 있으면 일할 수 있는 곳은 많이 있어요.

㉠ 업무를 바꾸는 방법도 있어요. 관제사로 어느 정도 경력을 쌓고 나면 관제 행정 분야로 진출할 수도 있어요. 생각보다 관제와 관련된 행정업무가 많아요. 관제 행정이라 하면 각 지방항공청 별로 현장 관제사의 업무에 필요한 업무협조 및 지원을 해주고, 현장 관제사들의 교육을 주관하거나, 안전예방활동을 할 수도 있어요. 또한, 항공기가 다니는 공중의 비행로를 설계, 관리하는 절차 관련 업무를 할 수도 있고, 관제와 관련된 시설 내부 규정을 제정하거나 개정하기도 하고, 대외기관과의

합의서 등을 맺는 일도 해요. 그리고 가덕도 신공항을 건설하려면 관제 관련 태스크 포스팀이 꾸려지고 수많은 준비과정이 있을 거예요. 드론, 미래의 신산업 도심항공교통(UAM) 등과 같은 새로운 시장을 개척하는 일 등, 시대의 변화에 발맞춰 따라가려면 이를 추진하기 위한 팀도 있어야 하고요. 이러한 업무들이 관제사가 할 수 있는 일이에요.

(편) 외국으로 진출하는 관제사도 있나요?

(임) 일부 해외 공항의 관제사 채용공고를 보고 응시할 수도 있어요. 다만 채용조건에 부합하는 능력을 갖춰야겠죠. 다른 방면으로는 국가공무원의 신분으로 국제업무와 관련하여 국제민간항공기구 본사(캐나다, 몬트리올)나 아시아 지사(중국, 베이징)에 파견을 가기도 해요. 또 본인의 능력에 따라 퇴직하고 국제민간항공기구 정식 직원으로 채용되기도 하고요. 간혹 가디언이라는 미군 부대 관제사로 취직하거나 이직하는 관제사도 있죠.

항공교통관제사
업무 엿보기

항공교통 무선통신매뉴얼(ATC Communication Manual 또는 ATCCM)은 항공교통 관제 체계에서 사용되는 무선통신에 대한 지침과 규정을 담은 문서입니다. 이 매뉴얼은 항공교통 서비스 제공자(ATSP: Air Traffic Service Provider) 및 항공사, 조종사, 그리고 기타 항공 관련 당사자들이 공항 및 공간 내에서 효과적으로 통신할 수 있도록 만들어졌어요. 항공교통관제사가 되려면 이 매뉴얼을 모두 외워 능숙하게 듣고 말할 수 있어야 해요. 실제 매뉴얼에 있는 내용이 많지만 여기서는 청소년 여러분이 무선통신에 익숙해질 수 있도록 간단한 내용을 소개할게요.

무선통신 매뉴얼

(Manual of Radiotelephony)

1. 음성통신용 알파벳

음성 철자를 사용할 때는 아래 표의 단어를 사용하여야 한다.

Letter	Word	Pronunciation
A	Alpha	AL FAH
B	Bravo	BRAH VOH
C	Charlie	CHAR LEE/SHAR LEE
D	Delta	DELL TAH
E	Echo	ECK OH
F	Foxtrot	FOKS TROT
G	Golf	GOLF
H	Hotel	HOH TELL
I	India	IN DEE AH
J	Juliet	JEW LEE ETT
K	Kilo	KEY LOH
L	Lima	LEE MAH
M	Mike	MIKE
N	November	NO VEM BER
O	Oscar	OSS CAH
P	Papa	PAH PAH

Q	Quebec	KEH BECK
R	Romeo	ROW ME OH
S	Sierra	SEE AIR RAH
T	Tango	TANG GO
U	Uniform	YOU NEE FORM/OO NEE FORM
V	Victor	VIK TAH
W	Wiskey	WISS KEY
X	X-ray	ECKS RAY
Y	Yankee	YANG KEY
Z	Zulu	ZOO LOO

2. 숫자의 발음 및 읽는 방법

통신에 사용되는 언어가 영어인 경우, 다음과 같은 발음으로
숫자를 송신하여야 한다.

Numeral or numeral element	Pronunciation
0	ZE-RO
1	WUN
2	TOO
3	TREE
4	FOW-er

5	FIFE
6	SIX
7	SEV-en
8	AIT
9	NIN-er
Decimal	DAY-SEE-MAL
Hundred	HUN-dred
Thousand	TOU-SAND

주- 위 표에서 대문자로 된 음절은 강세가 주어진다. 예를 들어 ZE-RO의 두 음
절은 모두 강세가 주어지고 FOW-er의 경우 첫 음절에만 강세가 주어진다.
* 숫자 9의 발음은 NINE이 독일에서 발음상 "NO"라는 뜻이 있어 ICAO에서 "9"
는 " NINER"로 발음하도록 정했다.

1) 일반숫자 읽는 방법

숫자	읽는방법	발음
10	ONE ZERO	WUN ZE-RO
75	SEVEN FIVE	SEV-en FIVE
583	FIVE EIGHT THREE	FIFE AIT TREE
600	SIX HUNDRED	SIX HUN-DRED
5000	FIVE THOUSAND	FIVE TOU-SAND

7600	SEVEN THOUSAND SIX HUNDRED	SEV-en TOU-SAND SIX HUN-DRED
11000	ONE ONE THOUSAND	WUN WUN TOU-SAND
18900	ONE EIGHT THOUSAND NINE HUNDRED	WUN AIT TOU-SAND NIN-er HUN-RED
38143	THREE EIGHT ONE FOUR THREE	TREE AIT WUN FOW-er TREE

2) 소수점 읽는 방법

숫자	읽는방법	발음
100.3	ONE ZERO ZERO DECIMAL THREE	WUN ZE-RO ZE-RO DAY-SEE-MAL TREE
38143.9	THREE EIGHT ONE FOUR THREE DECIMAL NINER	TREE AIT WUN FOW-er TREE DAY-SEE-MAL NIN-er

3) 일련 번호 - 분리된 숫자 읽는 방법

숫자	읽는방법	발음
11,495	ONE ONE FOUR NINER FIVE	WUN WUN FOW-er NIN-er FIFE
20,069	TWO ZERO ZERO SIX NINER	TOO ZE-RO ZE-RO SIX NIN-er

4) 숫자 "0"-허가된 항공기 호출부호 및 고도를 제외하고 "ZERO"로 읽는다.

"ZERO"로 읽을 경우		"GROUP"으로 읽을 경우	
160 feet	"FIELD ELEVATION ONE SIX ZERO"	N330TP	"NOVEMBER THREE THIRTY TANGO PAPA"
300 degrees	"HEADING THREE ZERO ZERO"		
10,500	"ONE ZERO THOUSAND FIVE HUNDRED"	10,500	"TEN THOUSAND FIVE HUNDRED"

3. 콜 사인 상징과 의미

Call sign	Symbol	Meaning
HL1234		Aircraft operating in accordance with VFR 시계비행규칙에 따라 비행중인 항공기
HL5678		General aviation aircraft operating in accordance with IFR 계기비행규칙에 따라 비행중인 일반 항공기
KOCA 001		Airline aircraft operating in accordance with IFR 계기비행규칙에 따라 비행중인 항공사의 항공기
TOWER GROUND		Aerodrome control service Surface movement control 비행장관제업무 / 이동지역관제업무
APPROACH		Approach control service 접근관제업무
CONTROL		Area control service 지역관제업무
INFORMATION RADIO		Flight information service Aeronautical station 비행정보업무 / 항공국
RADAR		Radar 레이더 관제업무
TRUCKER 5 WORKER 21		Vehicles 차량
TOW 5		Aircraft under tow 토잉(견인)중인 항공기
		Ground crew 지상요원
APRON		Apron management service 계류장 관리업무
HL9999		Helicopter 헬리콥터

4. 표준 단어 및 어구

아래에 표기된 단어 및 어구는 무선통신에서 적절히 사용되어
야 하며 그 의미는 다음과 같다.

Word/Phrase	Meaning
ACKNOWLEDGE	Let me know that you have received and understood this message. 이 메시지를 수신하고 이해했는지를 알려달라.
AFFIRM	Yes. 예.
APPROVED	Permission for proposed action granted. 요청사항에 대해 허가한다.
BREAK	I hereby indicate the separation between portions of the message. *Note.— To be used where there is no clear distinction between the text and other portions of the message.* 메시지 내용이 분리된 것을 표시한다. 주- 메시지와 다른 메시지가 명확히 구분되지 않을 때 사용.
BREAK BREAK	I hereby indicate the separation between messages transmitted to different aircraft in a very busy environment. 매우 바쁜 상황에서 서로 다른 항공기에게 전달된 메시지가 분리된 것을 의미한다.
CANCEL	Annul the previously transmitted clearance. 이전에 허가했던 것을 취소한다.
CHECK	Examine a system or procedure. *Note.— Not to be used in any other context. No answer is normally expected..* 시스템이나 절차를 확인하라. 주- 다른 맥락에서는 사용되지 않음. 통상 대답은 하지 않음.

CLEARED	Authorized to proceed under the conditions specified. 특정조건하에서 진행을 허가한다.
CONFIRM	I request verification of: (clearance, instruction, action, information). (허가, 지시, 정보 또는 요청발부) 에 대한 확인을 요청한다.
CONTACT	Establish radio contact with . . . . . .와 무선 교신하라.
CORRECT	True. or Accurate. 맞다. 또는 정확하다.
DISREGARD	Ignore. 이 메세지를 무시하라.
HOW DO YOU READ	What is the readability of my transmission? 나의 송신 감도는 어떤지 알려달라. (이 메세지가 얼마나 잘 수신되고 있는지 알려달라.)
I SAY AGAIN	I repeat for clarity or emphasis. 전달내용을 분명히 하고 강조하기 위해 반복한다.

MAINTAIN	Continue in accordance with the condition(s) specified or in its literal sense.
	  e.g. "maintain VFR"
	지정된 조건에 따라 계속하라. 혹은 문자 그대로 (고도/비행고도 등을) 유지하라.
	  예) *"maintain VFR"*

MONITOR	Listen out on (frequency). 주파수를 경청하라.
NEGATIVE	No or Permission not granted or That is not correct or not capable. NO, 허가불허, 그것은 정확하지 않다, 혹은 불가능하다.

OUT	Continue in accordance with the condition(s) specified or in its literal sense. 　　*e.g. "maintain VFR"* 지정된 조건에 따라 계속하라. 혹은 문자 그대로 (고도/비행고도 등을) 유지하라. 　　*예) "maintain VFR"*
OVER	Continue in accordance with the condition(s) specified or in its literal sense. 　　*e.g. "maintain VFR"* 지정된 조건에 따라 계속하라. 혹은 문자 그대로 (고도/비행고도 등을) 유지하라. 　　*예) "maintain VFR"*
READ BACK	Repeat all, or the specified part, of this message back to me exactly as received. 내 메시지의 일부나 전부를 정확하게 반복해보라.
RECLEARED	A change has been made to your last clearance and this new clearance supersedes your previous clearance or part thereof. 이전의 허가사항이 변경되었으니 새로운 허가사항으로 대체하라.
REPORT	Pass me the following information. 다음의 정보를 나에게 전해달라.
REQUEST	I should like to know . ., or I wish to obtain . . . . .을 알고싶다...을 얻고싶다.
ROGER	I have received all of your last transmission. 　　*Note- Under no circumstances to ve used in reply to a* 　　　*question requiring "READ BACK" or a direct answer in* 　　　*the affirmative (AFFIRM) or negative(NEGATIVE)* 당신의 마지막 송신을 모두 받았다. 　　주- *"READ BACK"*이나 긍정 및 부정으로 대답을 요구하는 질문에 대한 답 　　으로 사용하여서는 안된다.
SAY AGAIN	Repeat all, or the following part, of your last transmission. 마지막으로 송신한 내용의 전부나 일부를 반복하라.

SPEAK SLOWER	Reduce your rate of speech. 말하는 속도를 천천히 하라.
STANDBY	Wait and I will call you. *Note.— The caller would normally re-establish contact if the delay is lengthy. STANDBY is not an approval or denial.* 기다리면 내가 부르겠다. *주– 호출한 사람은 지연이 길어질 경우 재 교신을 하여야 한다. STANDBY 는 승인 또는 거부를 의미하는 것은 아니다.*
UNABLE	I cannot comply with your request, instruction, or clearance. *Note.— UNABLE is normally followed by a reason.* 당신의 요구, 지시, 허가에 따를 수 없다. *주– UNABLE은 보통 그 이유가 뒤따른다.*
WILCO	(Abbreviation for will comply.) I understand your message and will comply with it. (WILL COMPLY의 축약형) 당신의 메시지를 알아들었으며 그대로 따르겠다.
WORDS TWICE	a) As a request: Communication is difficult. Please send every word or group of w&ds twice. b) As information: Since communication is difficult, every word or group of words in this message will be sent twice. a) 요청 시 : 통신내용이 어려우니 모든 낱말이나 구를 두 번씩 반복해 달라. b) 정보제공 시 : 통신내용이 어려우니 이 메시지의 단어나 구를 두 번씩 보낼 것 이다.

5. 고도지시의 예

비행장마다 부근의 기압이 서로 다르기 때문에 항공기의 비행고도를 통일하기 위해 결정된 고도를 전이고도(Transitional Altitude)라고 해요. 우리나라의 경우 14,000피트(미국은 18,000피트)이며 나라마다 상이합니다. 통상적으로 비행장 부근에서 가장 높은 장애물, 지형물의 실제 높이보다 다소 높은 고도를 전이고도로 설정해요. 항공기들은 이 전이고도에 들어서면 기압을 표준기압인 1,013Hpa(29.92inch)로 세팅함으로써 그 지역을 비행하는 다른 항공기의 비행고도 역시 일관된 기준에 의하게 되므로 혼란을 방지할 수 있어요. 통상 이 전이고도 위쪽을 비행고도(FL: Flight Level)라고 불러요. 우리나라 전이고도는 14,000FT/FL140이므로 14,000FT/FL140 미만의 고도는 ~~FT로, 그 이상의 고도는 FL~~ 라고 지시합니다.

예시

(관제용어) KAL1233 CLIMB TO FL230
 -KAL1233 고도를 FL230으로 상승하세요.

(관제용어) KAL1233 DESCEND TO 13,000FT
 -KAL1233 고도를 13,000FT로 강하하세요.

(관제용어) KAL1233 EXPEDITE CLIMB UNTIL PASSING FL170
 -KAL1233 고도를 FL170까지 빨리 상승하세요.

나도
항공교통관제사

관제사와 조종사가 실제 주고받는 교신 내용입니다. 앞에서 제시한 무선통신 매뉴얼에 따라 숫자와 알파벳, 관제 용어를 따라 읽고 써 보세요. 어떤 상황인지 알아보고 뜻도 써 보세요. 앞에서 제시되지 않은 내용은 인터넷이나 유튜브를 찾아가며 알아보는 것도 좋은 공부가 될 거예요.

1.

Pilot — Gimpo DELIVERY, BBB123, Request clearance for
　　　JEJU, FL280, Gate 10, Information B

ATC — BBB123, Report Ready for Push-back

Pilot — Roger, Report Ready for Push-back, BBB123

Pilot — Ground, HL1101, Request Start-up, Spot 41,
　　　Informaion C

ATC — HL1101, Stand-by Expect 10minute Delay

1. 해석

Pilot - Gimpo DELIVERY, BBB123, Request clearance for
JEJU, FL280, Gate 10, Information B

조종사 - 김포 허가중계, BBB123, 제주로 가기 위한 허가를 요청한다. 고도 280, 주기장 10번, 공

항정보방송(ATIS) B 수신

ATC - BBB123, Report Ready for Push-back

관제사 - BBB123, 푸쉬백 준비되면 보고하라

Pilot - Roger, Report Ready for Push-back, BBB123

조종사 - 알았다. 푸쉬백 준비 보고, BBB123

Pilot - Ground, HL1101, Request Start-up, Spot 41,
Informaion C

조종사 - 지상관제, HL1101, 엔진 시동 작동 요청, 주기장 41번, 공항정보방송 C 수신

ATC - HL1101, Stand-by Expect 10minute Delay

관제사 - HL1101, 10분 지연 예상, 대기하라.

2.

ATC − HL1101, Hold position, Cancel take-off, I say again cancel take-off, due to Vehicle on the runway.

Pilot − Holding, HL1101

ATC − HL1101, Stop Immediately (필요 시 반복하여) HL1101, Stop Immediately.

Pilot − Stopping, HL1101

※ 항공기가 Take-off Roll 을 시작하였을 때 사용

2. 해석

ATC – HL1101, Hold position, Cancel take-off, I say again
　　　cancel take-off, due to Vehicle on the runway.

관제사 – HL1101, 현 위치 대기, 이륙 취소 다시 말한다 이륙 취소, 활주로상 차량때문

Pilot – Holding, HL1101

조종사 – 대기, HL1101

ATC – HL1101, Stop Immediately (필요 시 반복하여) HL1101,
　　　Stop Immediately.

관제사 – HL1101, 즉시 멈춰라(필요 시 반복하여) HL1101, 즉시 멈춰라

Pilot – Stopping, HL1101

　　조종사 – 멈춤, HL1101

※ 항공기가 Take-off Roll 을 시작하였을 때 사용

3.

Pilot - Seoul Approach HL1101, Approaching(또는,10Miles east of) KARBU, Maintain 9,000,Information(또는, With) PAPA. Request ILS Runway 14R Approach

ATC - HL1101, Roger, Fly heading 270, Descend to 8,000 Expect Vector To (Vectoring for) ILS Runway 14R Approach

Pilot - Fly Heading 270, Descending 8,000 Expect ILS 14R, HL1101.

3. 해석

Pilot – Seoul Approach HL1101, Approaching(또는,10Miles
　　　east of) KARBU, Maintain 9,000,Information(또는, With)
　　　PAPA, Request ILS Runway 14R Approach

조종사 – 서울접근관제, HL1101 KARBU(또는 10마일 동쪽) 접근중, 9,000피트 유지, 공항자동방

　　　송 P 수신, 활주로 14R ILS 접근 요청한다.

ATC – HL1101, Roger, Fly heading 270, Descend to 8,000
　　　Expect Vector To (Vectoring for) ILS Runway 14R
　　　Approach

관제사 – HL1101, 알았다. 기수 270도, 8,000 피트로 강하하라, 활주로 14R ILS접근하도록 벡터

　　　할 것 예상

Pilot – Fly Heading 270, Descending 8,000 Expect ILS 14R,
　　　HL1101.

조종사 – 기수 270, 8,000피트 강하, ILS 14R예상, HL1101

4.

ATC - HL1101, (Position 4miles from final approach fix) Turn
Right Heading 110, Descend to 1,800 Until Established
on the Localizer, Cleared ILS Runway 14R Approach.

Pilot - Right Turn Heading 110, Descending 1,600 Until
Established, Cleared ILS Runway 14R Approach,HL1101

Pilot - Seoul Approach, HL1101 Established on the Localizer
14R

ATC - HL1101, (8Miles from Touchdown,) Contact GIMPO
Tower 118.1

4. 해석

ATC - HL1101, (Position 4miles from final approach fix) Turn
　　　Right Heading 110, Descend to 1,800 Until Established
　　　on the Localizer, Cleared ILS Runway 14R Approach.

관제사 - HL1101,(최종접근픽스로부터 4마일 지점) 우선회 기수 110도, 로컬라이저 정대할때까지

1800피트로 강하, 활주로 14R ILS접근을 허가한다.

Pilot - Right Turn Heading 110, Descending 1,600 Until
　　　Established, Cleared ILS Runway 14R Approach,HL1101

조종사 - 우선회 기수 110도 정렬될때까지 1600피트 강하하라. 활주로14R ILS접근허가한다.

HL1101

Pilot - Seoul Approach, HL1101 Established on the Localizer
　　　14R

조종사 - 서울접근관제, HL1101 로컬라이저 14R 정대됨

ATC - HL1101, (8Miles from Touchdown,)　Contact GIMPO
　　　Tower 118.1

관제사 - HL1101,(접지대로부터 8마일), 김포관제탑 118.1 교신하라

5.

Pilot - MAYDAY MAYDAY MAYDAY, Seoul approach, HL1101,

Fire on the left engine.

ATC - HL1234, Seoul approach, Roger. Say your intention?

Pilot - Request radar vector to final for landing.

Request fire fight and rescue service

---

5. 해석

Pilot - MAYDAY MAYDAY MAYDAY, Seoul approach, HL1101,

Fire on the left engine.

조종사 - 비상비상비상, 서울접근관제, HL1101, 왼쪽 엔진에 불

ATC - HL1234, Seoul approach, Roger. Say your intention?

관제사 - HL1234, 서울 접근관제, 알았다. 의도를 말하라

Pilot - Request radar vector to final for landing.

조종사 - 착륙을 위해 최종접근로에 레이더 유도 요청

Request fire fight and rescue service

소방차와 구조차 요청

6.

ATC - HL1234, Seoul approach, Expect radar vector hold 30
minutes due to traffic.

Pilot - Seoul approach, HL1234, Unable to hold for 30 min,
due to Minimum fuel. We have fuel for 20min remain.
Request land without delay.

ATC - HL1234, Seoul approach, Roger, Expect Hold 10min
due to traffic

6. 해석

ATC – HL1234, Seoul approach, Expect radar vector hold 30 minutes due to traffic.

관제사 – HL1234, 서울접근관제, 다른 traffic 때문에 30분 지연을 위한 레이더 유도를 예상하라

Pilot – Seoul approach, HL1234, Unable to hold for 30 min, due to Minimum fuel. We have fuel for 20min remain. Request land without delay.

조종사 – 서울접근관제, HL1234, 30분 체공은 안된다. 최소연료 때문. 우리는 20분간 비행가능 연

료탑재, 지연없이 착륙 요청한다

ATC – HL1234, Seoul approach, Roger, Expect Hold 10min due to traffic

관제사 – HL1234, 서울접근관제, 알았다, 다른 traffic 때문에 10분 체공 예상하라

7.

ATC - HL1234, Seoul approach, Expect to radar vector to
final Runway 32R.

Pilot - Seoul approach, HL1234, We have Landing gear
problem, Request low pass to check landing gear
condition.

ATC - HL1234, Seoul approach, Roger, Expect to vector for
approach 32R and low pass. Tower is ready for check.

ATC - HL1234, Gimpo tower, Your Landing Gear Appears
Down, Say your intention?

Pilot - HL1234, We try to land now.

ATC - HL1234, Do you need any other assist on the ground?

Pilot – Request Airport fire fighting and rescue. If able we want to forming on the Runway

---

7. 해석

ATC - HL1234, Seoul approach, Expect to radar vector to final Runway 32R.

관제사 - HL1234, 서울접근관제, 활주로 32R 최종접근로 레이더 유도를 예상하라

Pilot - Seoul approach, HL1234, We have Landing gear problem, Request low pass to check landing gear condition.

조종사 - 서울접근관제, HL1234, 우리는 랜딩기어 문제가 있다. 랜딩기어 상태 점검을 위해 저고도 패스 요청한다.

ATC - HL1234, Seoul approach, Roger, Expect to vector for approach 32R and low pass. Tower is ready for check.

관제사 - HL1234, 서울접근관제, 알았다. 32R 접근을 위한 레이더 유도 및 저고도 패스 예상하라 관제탑은 점검 준비완료됨

ATC - HL1234, Gimpo tower, Your Landing Gear Appears Down, Say your intention?

관제사 - HL1234, 김포타워, 너의 랜딩기어 다운으로 확인된다. 의도를 말해라?

Pilot - HL1234, We try to land now.

조종사 - HL1234, 우리는 지금 착륙을 시도한다

ATC - HL1234, Do you need any other assist on the ground?

관제사 - HL1234, 지상에서 다른 지원 필요사항이 있는가?

Pilot - Request Airport fire fighting and rescue. If able we want to forming on the Runway

조종사 – 공항소방대와 구조대를 요청한다. 가능하면 우리는 활주로상에 폼을 뿌리기를 원한다

항공교통관제사
유영미 스토리

편 어린 시절엔 어떤 아이였나요?

윤 요즘에 MBTI로 사람의 성향을 나누는 게 유행이잖아요. 제가 어렸을 때는 혈액형으로 성격을 판단하곤 했어요. 그에 따르면 저는 전형적인 A형, 극 A형 성향이었다고 할까요. 주어진 일을 성실히 처리하고 시간 약속을 하면 약속 시간보다 항상 일찍 와 있는 아이였어요. 맡은 일은 철저히 해서 공부도 열심히 하고 리더십도 있었죠. 초등학교 때는 학교에서 하는 체육행사 때 학생들 대표로 앞에 나와서 율동도 했어요. 선생님의 추천으로 3년 정도 무용을 배웠거든요. 또 반장을 하면서 학급운영에 적극적으로 참여하는 아이였죠. 중고등학교 때는 지금의 아이돌 원조 격인 서태지와 아이들을 좋아하는 청소년이었어요. 가수만 좋아하고 공부는 못한다는 소리를 듣기 싫어서 공부도 열심히 하면서 콘서트에 가는 취미활동도 즐겼죠. 그래서인지 모르겠지만 지금은 BTS를 좋아하는 중년 여성이 되었답니다.

편 관제사라는 직업에는 언제부터 관심이 있었나요?

윤 청소년 때 꿈은 약사였어요. 대학 졸업 후 취업을 생각했을 때 안정적인 전문직이라고 생각해서 약사를 목표로 공부를 했던 것 같아요. 그러던 중 제가 고1 때인 1993년에 MBC에서

〈파일럿〉이라는 드라마를 방영했어요. 국내 최초의 항공 드라마였죠. 한국항공대학교를 배경으로 항공기를 사랑하는 이들의 대학 캠퍼스 생활부터 졸업 후 대한항공에 입사해 창공의 꿈을 이루기까지의 도전과 사랑에 관한 내용이었어요. 이 드라마를 보면서 처음으로 활주로에서 이·착륙하는 항공기를 볼 수 있는 한국항공대학교에 대한 관심이 생겼어요. 여기에 김혜수 씨의 역할이었던 운항관리사라는 직업도 꽤 매력이 있는 직업이라고 생각하게 되었고요. 그런 계기로 한국항공대학교 항공교통학과에 대해서 조사해 보니 운항관리사뿐만 아니라 관제사라는 직업도 알게 되어 관심을 가지게 되었죠.

(편) 그렇게 관제사에 관심을 가지게 되어서 한국항공대학에 진학하게 되었군요.

(유) 네. 고등학교를 졸업하고 한국항공대학교 항공교통학과에 진학했죠. 학과에서 저는 운항관리사와 항공교통관제사 자격증을 취득하고 대한항공과 김포관제탑/서울접근관제소에서 실습을 했는데 저한테는 운항관리사보다 관제사가 더 매력적인 직업으로 보였어요. 적성에도 맞았고요. 마침 2001년 인천국제공항 개항을 앞두고 관제사 수요가 급증해서 대학 졸업을 앞두고 취업에 성공해 관제사가 되었습니다.

㉕ 일을 시작하고 나서 언제가 가장 기억에 남나요?

㉤ 첫 출근을 한 날보다 훈련관제사로 교관들의 모니터를 받다가 한정자격증을 취득해 단독으로 근무를 하게 되었을 때의 떨림과 긴장감이 지금도 기억나요. 훈련관제사로 근무할 때는 실수가 있으면 교관관제사가 바로 수정도 해주고 항공기 착륙 순서나 착륙활주로 배정 등 여러 가지 면에서 좀 더 효율적인 관제를 할 수 있도록 도와주었기 때문에 믿는 구석이 있었어요. 만약에 훈련관제사가 문제를 일으키면 교관관제사가 책임

을 지는 구조라 의지할 데가 있었던 시절이었죠. 그런데 단독 근무를 하면 교관관제사의 눈치를 보지 않아도 된다는 점은 좋았지만 한편으로는 막중한 책임감이 느껴져 부담이 많이 되더라고요. 시간이 지나 관제 경력이 쌓이면서부터는 부담감보다는 자신감이 생기고 관제 실력이 늘고 있다는 것을 느끼면서 뿌듯했습니다.

편 관제사가 되고 나서 이 일을 잘하기 위해 어떤 노력을 하셨어요?

유 관제사로 훈련받을 때 숫자를 항공 호출부호로 부르는 게 습관이 되지 않아 숫자만 보면 호출부호로 부르는 연습을 했어요. 호출부호는 보통 3~4자리 숫자로 이루어져 있어요. 그래서 지나가는 버스나 택시의 번호판을 호출부호처럼 읽는 연습을 했죠. 관제 업무를 할 때 항공기 호출부호를 틀리게 부르면 응답이 없어서 다시 확인하고 불러야 해요. 그러면 시간이 지체되어 뒤에 있는 항공기들과 교신이 늦어지는 거예요. 그래서 한 번 부를 때 정확하게 부르고 교신을 성공하는 게 중요해요. 훈련관제사일 때는 이런 숫자 조합이 익숙하지 않고 항공기 편수도 많아서 실수하는 경우가 많아요. 저도 그랬고 후배들도 그렇죠. 많이 연습해서 무의식적으로 숫자를 호출부호로 부를 수 있도록 하는 수밖에 없어요.

　제 남편이 조종사예요. 제가 관제사로 일하면서 조종에 관련한 일이나 항공기 성능, 특징과 관련해서 궁금한 것들을 남편에게 물어보고 도움을 받아요. 실제로 조종사들의 업무 환경이나 심리를 이해하면 관제 업무에 도움이 돼요. 관제 지시를 할 때도 이 지시가 항공기를 조작하는데 적합한지 먼저 생각하게 되더라고요. 그래서 함께 관제 용어나 관제 지시에 대해서 연구도 많이 했었어요. 가끔 남편이 조종하는 항공기를 관제하게 되는 경우가 있어요. 그러면 더 잘해야겠다는 생각이 들어요. 또 남편을 통해 조종사들의 상황을 더 잘 알게 되니까 20년 넘게 하는 일이지만 아직도 긴장하면서 근무하게 되네요.

편 이 일을 하면서 특별히 관심을 가지게 된 것이 있다면요?
유 날씨에 대한 관심이 정말 많아졌어요. 관제업무는 날씨의 영향을 많이 받아요. 특히 여름철에 발생하는 비구름대나 태풍, 겨울철에는 눈, 봄/가을철에는 안개 등 주의해야 할 날씨가 많죠. 그중에서 7~8월에 근무하는 게 가장 힘들어요. 많은 항공기들이 비구름대(적란운)를 회피하여 비행하는데 이때는 레디오 교신량도 많고 입·출항 항공기들이 지나갈 수 있는 지역이 겹치기도 하고, 항공기마다 선호하는 회피지역이 달라서 관제업무 강도가 2~3배 정도 되는 것 같아요. 한번은 쉬는 날이었는데, 그날 인천/김포공항 주변에 폭우가 내렸어요. 급하게 야근팀에서 보강 근무 요청이 들어와서 쉬다 말고 폭우를 뚫고 출근했었죠. 그래서 관제사가 되고 나서는 출근하기 전에 날씨를 체크하는 습관이 생겼어요. 비나 눈 예보가 있으면 '와! 오늘 눈 온다!'라는 낭만보다는 '출근해서 고생하겠구나'라는 생각이 먼저 든답니다.

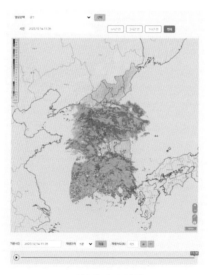

기상레이더 영상

ⓟ 특별한 경험이 있다면 무엇일까요?

ⓤ 북한 항공기 조종사와 교신했던 경험이 있어요. 故 김대중 대통령 시절에 남북관계가 좋았던 적이 있었어요. 그때 북한 항로가 조금 열리면서 북한 항공기들이 지나갔는데요. 에어고려 조종사라고 했는데, 레디오에서 들리는 북한 조종사의 억양은 러시아 조종사와 비슷했지만 한국인이라고 알 수 있었죠. 그 조종사가 "일 없습네다"라고 말하는 걸 들으니까 낯설고 신기했죠.

항공교통관제사
임은정 스토리

편 어린 시절엔 어떤 아이였나요?

임 어린 시절 저는 특별한 재능이 많거나 눈에 띄는 아이는 아니었고 평범한 아이였어요. 혼자 있는 시간이 있을 때면 이런저런 상상을 많이 하는 편이라 항상 저만의 꿈이 있었어요. 초등학교 2학년 때 부모님의 권유로 피아노를 처음 배웠는데 피아노 건반을 두드리는 게 신기하고 재밌었어요. 그냥 취미로 배우는 것에 그치지 않고 어른이 되면 무대에서 피아노 연주도 하고 싶었고, 또 동네에 피아노 학원을 차려 아이들에게 가르치는 일도 해보고 싶었어요. 그렇게 꿈을 키워서 중학교 진학 후에도 진지하게 피아노 전공을 하고자 노력했죠. 그런데 어느 순간 알겠더라고요. 제가 피아니스트가 될 만큼 음악적 재능이 뛰어난 건 아니라는 것을요. 부족함을 뒤늦게 깨닫고 아쉽게도 방향을 틀어서 또 다른 꿈을 찾기 시작했지요.

편 피아니스트의 꿈을 접은 후에는 어떤 꿈을 꾸었나요?

임 부모님이 약국을 경영하시는 걸 어릴 때부터 봐왔어요. 그래서 자연스럽게 아픈 사람들에게 약을 지어주면서 좋은 일을 해야겠다는 생각으로 약사가 되는 꿈을 꾸었죠. 그런데 신문기사 하나가 제 인생을 바꿔놓았어요. 제가 고등학교 1학년 (1993년)때 목포에서 항공기 추락사고가 있었어요. 처음 소식을 접하고는 많은 희생자가 난 것에 대해 안타까운 마음도 들었지만, 제 머릿속에서 "항공 분야에서 내가 할 수 있는 일이 있지 않을까?" 하는 생각이 문득 들었어요. 항공기를 떠올리면 저도 모르게 마음이 설레었거든요. 항공 분야와 관련해서 무엇을 할 수 있을까 찾아보고 전문적으로 배울 수 있는 대학이 있다는 사실을 알게 되었죠. 또 고등학교 2학년 때는 "EBS 직업의 세계"라는 프로그램을 보고 항공교통관제사에 대해 처음 알게 되었고요. 당시 여성 관제사가 출연해 인터뷰했던 방송이었는데요. 하는 일을 소개하는 걸 보니 너무 신기하고 특별해 보였어요. 그 일은 우리 일상생활 속에서 쉽게 접할 수 없는 일이었거든요. 그 이후로 관심을 가지고 신문 기사, 영화, 드라마 등을 찾아보면서 더욱 깊이 알게 되었고, 알면 알수록 항공교통관제사가 되고 싶은 열망은 더 커졌어요. 그러던 중 고등학교 3학년(1995년)때 신문에서 1999년이 되면 인천공항이라는 새로운 공항이 생길 거라는 기사를 보았어요. 공항을 만들려고 트럭들이 섬 사이를 메꾸기 위해 흙을 나르던 사진을 본 게 아직도 생각이 나네요. 그때부터 생각한 게 "내가 항공대학에 가서 졸업할 즈음에는 인천공항이 있을 거고 나는 거기 가서 근무할 수 있어!"였어요. 인천공항 관제사라는 구체적인 꿈이 생긴 거죠.

여객터미널

편 꿈을 갖게 되고, 꿈을 구체화하는 과정을 아직도 생생하게 기억하고 있으세요. 정말 이루고 싶은 꿈이 생기면 꿈의 조각들이 보인다는데, 그런 과정이었던 것 같아요. 그럼 대학은 어디로 진학한 건가요?

임 한국항공대학교 항공교통학과에 진학했어요. 아는 사람의 오빠가 이 대학의 다른 과에 다니고 있어서 학교에 대해 알게 되었죠. 대학 입학 후 관제사가 되기 위해 공부해야 하는 필수 과목들을 이수했고, 대학교 3, 4학년 때는 학교에서 조종 훈련하는 항공기를 대상으로 관제 실습을 했어요. 관제사 자격시험을 치르려면 일정 시간 이상의 관제 실습 시간이 필요했거든요. 마지막으로 필기시험을 치렀고 최종 합격하여 1999년 6월 25일에 항공교통관제사 자격증을 취득했어요. 자격증을 받는 순간엔 그동안 준비했던 것에 대한 결실을 맺은 것 같아 뿌듯했어요.

제가 관제사 자격증을 받기 위해 자격증 발급처를 방문했을 당시 저를 본 어떤 분이 이런 말씀을 하신 게 생각이 나네요. "시집가서 좋은 남편 만나 살림하고 사는 게 편할 텐데 왜 힘들게 일을 하려고 해요?" 그때만 해도 그런 생각을 하시던 분들이 계셨는데, 저는 당당하게 말했어요. 관제사가 되는 게 꿈이라고요. '제 인생 제가 만들어가며 살 거예요!'라고 마음속으로 외쳤던 것 같아요.

㉠ 첫 출근했던 날 기억나세요?

㉡ 저는 운이 좋게도 대학교를 졸업하기 전에 채용이 돼서 졸업식을 이틀 앞두고 첫 출근을 했어요. 취직하고 졸업식을 맞이했더니 세상을 다 가진 것처럼 정말 행복했어요. 저의 목표는 인천공항 관제탑에서 근무하는 거였는데 바로 인천공항에서 근무하지 않고 김포공항으로 발령을 받았죠. 인천공항이 개항하기 전이었고, 개항 준비과정 동안 1년 남짓 김포공항에서

관제 실무훈련을 받았어요. 1년 동안 김포국제공항에서 일하다가 저의 고등학교 시절 바람대로 인천공항에서 일할 수 있게 된 거죠. 인천공항이 큰 공항이다 보니 많은 인원의 관제사를 필요로 했어요. 인천공항을 목표로 같이 힘들게 공부했던 동기생들이 많았는데 함께 입사하게 되어서 더더욱 좋았어요.

김포공항으로 첫 출근하던 날은 아직도 생생하게 기억하고 있어요. '관계자외 출입금지' 라는 TV 방송프로그램도 있지만, 관계자외 출입금지라는 표시가 있는 문을 열고 들어가니 낯선 세상으로 들어가는 느낌이었어요. 실제 근무를 바로 시작하지는 못했고, 공항 내에 있는 관제시설, 관제시설 이외의 관련 시설들을 견학하면서 설명을 듣고 보게 되니 너무 신기했던 기억이 나네요.

㉣ 일을 배우는 기간에 어려움은 없었나요?

㉥ 관제탑에서 하는 업무는 한두 가지에 그치지 않아요. 예를 들어 조종사와 교신할 때 그 항공기만 보는 게 아니라 동시에 관제탑 밖의 주변 환경을 감시해야 하고, 다른 항공기의 이동 상황도 살펴야 해요. 즉 이·착륙해야 하는 항공기들의 위치와 숫자, 지상에서 이동하고 있는 항공기의 상황 등을 살펴보고 정상적으로 이동하는지 감시해야 하죠. 그리고 감독석에서

하는 조언과 지시를 주의 깊게 듣고, 옆 좌석 관제사와 업무협조도 하고, 기상정보도 확인해요. 또 항공등화 시스템 등 여러 시스템이 잘 작동하고 있는지, 항공기 간의 거리 분리가 잘 되어 있는지, 이륙 시간의 계산은 맞는지 등 여러 가지 일을 빨리 인식해서 실시간으로 처리해야 하죠. 그런데 훈련관제사 시절에는 아직 익숙하지 않아 실수를 많이 했던 것 같아요. 저의 원래 성향은 한 가지 일에 집중하면 다른 주변의 것들에 대해 인지를 잘 못 하는 편이었어요. 그래서 일을 배울 때 많이 혼나고 힘들었어요. 하지만 하고 싶었던 일이니까 잘하기 위해 저를 변화시킬 수밖에 없었죠. 지금은 계속 반복하고 많은 훈련을 통해 많이 바뀐 것 같아요. 새로 들어온 신입 관제사 중에 제가 처음 관제 배울 때의 모습을 보는 것 같을 때가 있어요. 그러면 후배들에게 많이 노력하면 할 수 있으니 포기하지 말라고 조언하지요.

꼭 관제사만 이렇게 여러 가지 일을 같이 처리해야 하는 상황은 아닌 것 같아요. 조종사들도 비슷한 것 같아요. 관제사는 항공기 조종석 근무환경에 대한 업무 이해도를 높이고, 보다 질 좋은 관제 서비스를 제공하기 위해 항공사 협조를 얻어 정기적으로 항공기 탑승 훈련을 해요. 조종사들과 함께 조종실 내에 탑승하여 일련의 비행 과정을 견학하는 거죠. 탑승 훈

련을 다녀오면 조종사의 상황을 이해할 수 있어서 일할 때 도움이 돼요. 가끔 관제사가 조종사를 호출할 때 답변이 늦는 경우가 있어요. 처음 호출했을 때 바로 답이 오면 제일 좋겠지만 조종석에서도 여러 가지 일을 동시에 처리하고 있을 때는 호출에 바로 답을 하지 못하는 경우도 있더라고요. 그런 상황을 서로 이해하게 되는 거죠.

㉠ 가장 힘들었던 일은 무엇이었나요?
㉤ 가장 힘들었던 순간을 꼽으라고 하면 2019년 9월 태풍 링링이 서울을 강타했을 때예요. 저는 당시 김포관제탑에서 근무 중이었는데, 강력한 바람으로 인해 관제탑 외벽이 뜯겨 나가고, 관제탑 장비실로 빗물이 유입되는 상황이 발생했어요.

결국 비상관제탑으로 철수해서 업무를 이어갔죠. 비상관제탑은 주관제탑보다 낮아 공항 전체에 대한 시야 확보가 어려웠지만 태풍으로부터 좀 더 안전한 위치에 있었어요. 탈출 직전 관제탑이 많이 흔들려서 혹시나 관제탑이 붕괴되지는 않을까 무서웠던 기억이 나네요. 근무하면서 생명의 위협을 느낀 적은 처음이었어요. 그리고 철수 과정에 보니 인근 건물의 유리창이 깨져있더라고요. 바깥으로 나왔는데 비바람 때문에 제 몸 가누기도 힘들었어요. 지금 생각해 보면 전쟁터를 방불케 했던 것 같아요. 이후 태풍이 어느 정도 지나가자 발이 묶였던 항공기들이 운항하기 시작했죠. 항공기가 많이 몰리면서 늦은 밤까지 연장근무를 했어요.

태풍 링링으로 파손된 김포관제탑

유영미·임은정 관제사의
업무 스토리

㉠ 관제 업무를 하면서 어려운 순간도 꽤 있었을 것 같아요. 어떤 일들이 있었는지 들려주세요.

㉤ 큰 사고가 날 뻔한 일이 있었어요. 2006년 6월 제주에서 출발해 김포로 들어오던 항공기가 오산 상공에서 우박을 동반한 대형 뇌우를 만나 조종석 전면 방풍창이 깨지고 레이더돔 등이 파손되는 심각한 기체 손상이 일어났어요. 3번의 착륙 시도 끝에 간신히 착륙했는데 그날 근무하면서 항공기에 어려움이 있었다는 걸 알았는데 나중에 파손된 항공기 사진을 보고 근무했던 모든 직원이 엄청나게 놀랐던 기억이 나요. 그 항공기는 착륙에 실패해 다시 날아올랐는데 계기 시설을 이용할 수 없어서 위태로운 상황이었거든요. 그래서 민 관제기관에서는 거의 사용할 일이 없는 비정밀 접근 방식(NO GYRO APPROACH)으로 레이더 유도 하에 착륙에 성공했어요. 그때 군 경력 관제사가 군에서 관제했던 경험을 바탕으로 항공기를 유도해 안전하게 착륙시켰던 일이 기억나네요.

㉥ 그 일은 저도 기억해요. 많이 놀랐었거든요. 2006년 제주공항에서 출발하여 김포공항으로 접근 중이던 한 항공기가 적란운을 충분히 회피하지 못하면서 항공기의 전면 레이더돔이 파손되어 가까스로 착륙한 아찔한 상황이었죠. 당시 저는 김포공항 관제탑에서 지상관제업무 중이어서 해당 항공기가 무

사히 착륙하기를 바라며 긴장된 마음으로 현장에서 지켜보았어요. 다행히 몇 번의 착륙 시도 실패 후 무사히 착륙하는 모습을 보고 너무 기뻤죠. 관제탑 관제사로서 저는 그 항공기의 안전한 착륙을 위해 충분한 공간을 마련하려고 먼저 주변 항공기들을 통제했어요. 당시에는 조종석 창문이 파손되어 시야가 가려있었어요. 그래서 항공기가 활주로를 잘 식별할 수 있도록 항공등화(활주로진입등, 활주로등)를 밝히고, 관계기관에 상황을 알리고 소방차와 활주로 점검 차량 등 차량 지원 요청을 했어요. 실제 착륙한 후에 발생할 수 있는 만일의 사태에 대비하여 대응할 수 있도록 준비를 했던 거예요. 다행히 그 항공기는 사고 없이 안전하게 착륙해서 크게 안도했죠. 근무하면서 매번 느끼는 거지만 모든 항공기가 안전하게 이·착륙하는 것이 가장 큰 바람이에요. 그리고 오늘도 무사히 잘 해냈다고 생각하며 퇴근할 때가 가장 기분이 좋아요.

㉠ 실제로 사고가 나서 인명피해가 발생한 적도 있나요?

㉠ 있었죠. 2016년 2월 어느 겨울날 제가 관제하고 있던 경항공기가 추락하는 사고가 났어요. 지금도 그날 일이 생생하게 기억나고, 아직도 마음이 많이 아파요. 그 당시 김포공항에는 경항공기의 비행이 많았어요. 국제선 항공편을 인천공항으로

이전하고 국내선만 다니니까 경항공기의 운항이 활성화되었던 거죠. 김포공항에는 지금도 방송사 헬기, 대기업 소속의 헬기, 경찰 헬기, 산림청 헬기, 소방헬기, 사진촬영 항공기 등이 입주해 있는데요. 그 당시에는 조종사 면허 취득을 위한 훈련용 항공기들이 많이 있었어요. 사고가 난 때는 낮에 폭설이 내린 직후 날씨가 갠 해 질 무렵이었어요. 야간근무를 하기 위해 교대하고 들어와서 막 시작한 일이 경항공기 관제였어요. 훈련을 많이 하던 경항공기라 자주 교신했었고, 그날 조종사분의 목소리도 평상시와 다름없었어요. 이륙 직후 가능하면 좌선회할 것을 말씀드렸더니 평상시의 목소리로 알겠다는 답변을 들었어요. 그런데 그게 그분과의 마지막 교신이었어요. 급박한 상황임을 인지할 어떠한 교신도 없었는데 다른 항공기를 관제하는 사이에 레이더스코프(Radarscope 항공용 공항 감시 레이더에 이용되는 레이더 지시기)에서 점으로 사라졌어요. 깜짝 놀라기도 했고 불현듯 안 좋은 예감이 들어서 주변 동료들과 함께 항공기를 찾기 위해 갖은 노력을 했어요. 비상주파수로 불러도 보고, 인접 기관에 교신했는지 확인 전화를 여러 곳에 했어요. 혹시 사고 신고접수가 되면 비상 출동을 위해 소방차 대기 발령도 하고, 사고를 대비해 수색구조업무를 수행하는 부서에 (조난)불확신단계임을 보고했어요. 그렇게 애타는 상황에서

한 통의 전화가 걸려 왔어요. 공항 내 어느 근무자로부터 사고 현장 목격 신고가 들어온 거예요. 사고 위치가 공항 울타리 안 쪽이라 긴급히 소방차량과 구급차를 보내서 사고를 수습하게 되었어요. 사고가 그렇지만, 너무 갑작스럽게 일어난 일이라 어떻게 할 도리가 없었어요. 사고조사보고서에 따르면 사고의 원인이 정비 불량이었다고 해요. 그래도 사고 항공기의 관제를 담당했기 때문에 제가 도움을 못 드린 것 같아 마음 한편이 많이 무거웠어요.

㉠ 혹시 이 일을 그만두고 싶다고 생각한 적은 있나요?

㉡ 지금까지 이 일이 싫어서 관제사를 그만둬야겠다는 생각은 해본 적이 없어요. 업무적으로 부족한 부분은 채워가며 더 열심히 해야겠다는 생각은 늘 해왔어요. 다만 야간근무로 인해서 건강이 나빠질 때 그만둬야 하나 싶은 생각이 든 적은 있어요. 인천관제탑은 '무중단 24시간 운영'이라 교대로 근무하고 있어요. 인천공항과 달리 심야시간에 발생하는 소음 때문에 항공기 운항을 통제하는 시간이 있는 공항의 관제탑도 24시간 운영하고 교대근무를 해요. 야간근무를 하면 자연스레 수면시간이 불규칙해져서 자기 건강 관리를 잘해야 업무를 해낼 수 있어요. 하지만 노력과 상관없이 불규칙적인 생활로 인

한 호르몬의 변화 등 몸의 컨디션이 나빠지는 것은 피할 수 없더라고요. 야간근무를 끝내고 퇴근하면 두통, 소화불량, 수면장애 등이 와서 힘들어요. 교대근무 생활을 24년째 하고 있는데, 이건 시간이 지나도 적응이 안 되더라고요. 계속 피로감이 축적되는 느낌이고 예전에는 없던 증상들이 하나둘 생기기도 해요. 특히, 인천공항은 교통량이 많다 보니 업무 강도가 센 편이에요. 야근하고 퇴근할 때면 녹초가 되기는 하는데, 지금도 관제가 좋아 체력의 한계를 이겨내면서 버티고 있는 것 같아요.

Ⓠ 항공 교통량은 나날이 증가하고 있는데 비해 관제사 인력은 충분하지 않아서 육체적으로 힘든 적은 많지만 아직까지 그만두고 싶다고 생각한 적은 없어요. 날씨가 안 좋은 날은 고도의 집중력과 극도의 긴장감을 유지한 채 근무하고 쉬는 시간에 얼굴이 빨갛게 달아오른 걸 볼 때도 있어요. 그래도 복잡하게 뒤엉켜 제각각 떠 있던 항공기들이 어느 순간 한 줄로 나란히 공항으로 들어가고 있는 레이더 화면을 보면 신기해서 저도 모르게 같이 일했던 동료들이 자랑스럽다는 생각이 저절로 들어요.

ⓟ 두 분은 24년 동안 한결같이 이 일을 해 오셨어요. 앞으로 더 하고 싶은 일이 있으세요?

ⓨ 저는 얼마 전까지 관제석에서 업무를 하다가 지금은 총괄 팀장을 맡아서 감독하는 업무를 주로 하고 있어요. 팀장은 팀원들의 업무를 전체적으로 감독하니까 실제로 마이크를 잡고 현장 업무를 할 일이 적어요. 그런데 한 번은 현장 지원 근무를 나가게 되었는데 현장에서 마이크를 잡고 업무를 하니까 너무 재미있는 거예요. 하지만 현장을 떠난 지 몇 달 되지 않았는데 관제 능력이 좀 떨어진 것 같은 느낌을 받았어요. 스포츠 선수나 악기 연주자들이 며칠 연습을 안 하면 몸이 굳은 것 같다고 하잖아요. 딱 그런 느낌이었어요. 그리고 제가 얼마나 현장을 좋아하는지 다시 알게 되었죠. 그래서 가능하면 오랫동안 이 일을 하고 싶다고 생각했어요.

ⓘ 현장에서 생동감 있게 관제하는 게 좋아 지금껏 관제탑을 지켜온 것 같아요. 저도 유영미 관제사와 마찬가지로 이제는 현장 업무보다는 관리하는 업무를 맡았지만 여전히 현장이 좋아요. 제가 근무해 본 관제탑은 김포관제탑과 인천관제탑이에요. 각 공항별 관제 환경은 다 달라요. 주변 장애물, 산, 건물들도 다르고, 주 활주로 방향도 다르고, 터미널 위치 모양 등 똑같은 것이 없죠. 그래서 기회가 된다면 제가 아직 경험하지 못

한 공항에 가서 관제를 해보고 싶어요. 물론 다른 곳으로 이동하게 되면 그곳의 비행장관제업무를 위한 심사를 다시 봐야 해요. 새로운 도전인 거죠. 하지만 그런 과정을 거쳐서라도 다른 공항에서 제가 지금껏 경험하지 못한 관제를 해보고 싶어요.

그리고 좀 더 시간이 흘러 기회가 된다면 관제사 교육을 위한 훈련센터에서 후배 관제사들을 지도하고 싶어요. 제가 그간 경험으로 얻은 노하우, 조언 등을 해주고 싶어요. 인천공항에는 초대형 훈련센터가 있지만 지금은 현장에서 일하고 있는 관제사 인원이 많이 부족해서 훈련센터가 체계적인 훈련을 하기 위한 교관 인원을 충분히 확보해두기 어려운 상황이에요. 부족한 인원으로 현재도 고군분투하고 있으나, 인원이 좀더 충원되어 체계적이고 내실있는 교육환경이 마련되길 바랍니다.

편 청소년기에 항공교통관제사라는 꿈을 꾼 후에 흐트러짐 없이 꿈을 향해 달려가 마침내 꿈을 이룬 두 관제사님의 이야기 잘 들었습니다. 24년 동안 일하고도 아직 현장이 좋다는 두 관제사님의 말씀을 들으니 말로는 다 표현할 수 없는 이 직업의 매력이 아직도 남아있는 것 같습니다. 이 직업에 대해 못다 표현한 매력은 청소년 여러분이 직접 느껴보시길 바라며 이상으로 『하늘의 신호등 항공교통관제사』 편을 마치겠습니다.

청소년들의 진로와 직업 탐색을 위한
잡프러포즈 시리즈 67

하늘의 신호등

항공교통 관제사

2024년 2월 12일 초판1쇄

지은이 | 유영미 임은정
펴낸이 | 유윤선
펴낸곳 | 토크쇼

편집인 | 박성은
표지디자인 | 이든디자인
본문디자인 | 스튜디오제리
마케팅 | 김민영

출판등록 | 2016년 7월 21일 제2019-000113호
주소 | 서울시 마포구 월드컵북로98, 2층 202호
전화 | 070-4200-0327
팩스 | 070-7966-9327
전자우편 | myys237@gmail.com
ISBN | 979-11-92842-74-5(43190)
정가 | 15,000원

이 책의 저작권은 저자와 출판사에 있습니다.
서면에 의한 저자와 출판사의 허락 없이 책의 전부 또는
일부 내용을 사용할 수 없습니다.